Les conflits dans les relations de travail

Sanctions et calcul des droits liés à la rupture du contrat de travail

Collection JAMA

Dirigée par Jackson Darius MACKIOZY BANSIMBA

Lazare BABINDAMANA BIZI

Les conflits dans les relations de travail

Sanctions et calcul des droits liés à la rupture du contrat de travail

L'Harmattan

Du même auteur

- *Les passerelles dans le monde du travail*, Harmattan,
- *Les fondamentaux de la pratique sociale*, Harmattan,

5-7, rue de l'École polytechnique, 75005 Paris

http://www.harmattan.fr
diffusion.harmattan@wanadoo.fr

ISBN : 978-2-336-44497-0
EAN : 9782336444970

AVANT-PROPOS

L'histoire des relations professionnelles est émaillée des situations qui conduisent souvent les chefs d'entreprises à prendre des décisions outrées qui poussent les salariés à se séparer d'eux.

C'est dans cette perceptive qu'intervient l'option du calcul des droits liés à la rupture des relations de travail.

La technique de calcul des droits n'est toujours pas aisée à maitriser par les professionnels du droit du travail ou du droit social. Ainsi, je me permets à travers cet ouvrage de transmettre mon expérience professionnelle sur le calcul des droits résultant d'un licenciement abusif, d'une démission ou d'autres cas de rupture de contrat de travail.

Aussi me suis-je intéressé d'attirer l'attention des employeurs habitués aux sanctions excessives en violation des règlements intérieurs.

Ce livre se veut un outil didactique au service des praticiens du droit de travail et du droit social, notamment les inspecteurs du travail, les magistrats, les responsables des ressources humaines et autres catégories des personnes qui s'intéressent aux questions de travail.

Lazare BABINDAMANA BIZI

LA RUPTURE DU CONTRAT DE TRAVAIL

La rupture du contrat de travail peut être considérée comme la mise à mort des relations contractuelles qui peut intervenir d'un commun accord ou à l'initiative de l'une des parties.

En effet, les relations de travail ne sont pas pérennes selon le principe de la liberté contractuelle consacré par les normes internationales, car il n'y a pas d'engagement à vie.

Toutefois, pour éviter les abus, qui peuvent lésés l'une des parties au contrat, les différents cas de rupture ont été encadrés par des règles procédurales qui, en cas de violation, entrainent des conséquences à l'égard des parties responsables.

Les différents cas de rupture de contrat sont :

- **Le licenciement :**

Il s'annonce comme la cessation des relations contractuelles qui intervient à l'initiative de l'employeur, pour de multiples raisons : convenance personnelle, perte de confiance, faute lourde…

- En cas de licenciement pour convenance personnelle ou perte de confiance, l'employeur est tenu de verser au salarié toutes les primes et indemnités ;
- En cas de licenciement pour faute lourde, le salarié est privé du bénéfice des différentes indemnités et primes, à l'exception des congés dus, du salaire de présence, des arriérés des salaires.

- **La séparation par mutuel consentement :**

Cette forme de résiliation de contrat est prévue à l'article 39 du code de travail, elle ouvre le droit au profit du salarié d'une prime de départ. C'est la seule forme de rupture de contrat qui accorde au salarié un avantage pécuniaire.

Au terme de l'arrêté n°1108/MTSS-CAB, l'initiative de cette rupture revient à l'employeur.

- **La démission**

Elle s'analyse comme un acte univoque du salarié qui décide de son propre gré de mettre un terme au contrat de travail qui le lie à son employeur, moyennant un préavis dont le délai dépend de sa catégorie professionnelle.

Au terme de ce départ de l'entreprise, le salarié perd le bénéfice de tous ses droits légaux et conventionnels à l'exception du droit au congé payé, si pendant l'exercice de sa prestation il n'avait pas joui de son salaire de présence, des arriérés des salaires.

Le calcul des droits liés à la rupture du contrat de travail

Les droits liés à la rupture du contrat sont de deux natures ; les droits imposables et les droits non imposables.

a. Les droits imposables

Ce sont ceux qui sont soumis à cotisation qui subissent l'imposition des services fiscaux ou de la caisse nationale de sécurité sociale. Ils se résument en un ensemble de différentes primes qui échappent intégralement au bénéfice du salarié dans sa rémunération, tel qu'il apparaît dans la liste ci-après :

- salaire de base ;
- heures supplémentaires ;
- salaire des temporaires quelle que soit la durée ;
- prime d'assiduité ;
- prime de rendement ;
- prime de diplôme ;
- prime de sujétion ;
- prime de dépaysement ;
- prime de caisse ;
- prime de risque ;
- prime de charge militaire ;
- prime de technicité ;
- prime de responsabilité ;
- prime de bilan ;
- prime de fin d'année ;
- prime d'ancienneté ;
- les pourboires ;
- indemnité de fonction ;
- indemnité de précarité ;
- indemnité de préavis ;
- indemnité de logement ;
- indemnité de congé de la mise en retraite ;
- indemnité de congé ;
- indemnité d'intérim ;
- indemnité pour intempérie ou pour sécurité ;
- indemnité pour travaux dangereux et insalubres ;
- indemnité de fonction d'intermittence allouée aux dockers ;
- la gratification ou le 13ème mois ;
- avantages en nature :
    - les étrennes ou cadeaux de fin d'année ;

- fourniture gratuite d'eau, de gaz, de téléphone et d'électricité ;
- toutes gratifications et primes, même à caractère bénévole ou exceptionnel.

Ces différents éléments de rémunération sont pris en compte pour la détermination du salaire brut aux termes de l'article 86 du code du travail de la République du Congo.

b. Les droits non-imposables

Ils sont constitués essentiellement des primes qui ont un caractère de remboursement des frais tel qu'il apparaît dans la liste ci-après :

- prestation familiale ;
- prime de transport, et d'outillage ;
- prime de réception ou de représentation ;
- prime de panier (dans la limite du SMIG);
- prime de salissure ;
- prime de tenue ;
- prime de bicyclette ;
- indemnité de licenciement allouée en sus de l'indemnité de préavis ;
- indemnité kilométrique ;
- frais de représentation ;
- frais de mission ;
- salaires des fonctionnaires en position de détachement
- salaires des assistants ;
- jetons de présence perçus par le DGP.

Des opérations préalables au calcul des droits

Le calcul de l'ancienneté du travailleur

Il est important avant tout calcul de connaître l'ancienneté du travailleur, en l'occurrence la date d'embauche et la date de cessation.

L'ancienneté découle de la différence entre la date de cessation et la date d'embauche

Ancienneté = Date de cessation – Date d'embauche

Exemple 1 :

Date d'embauche : 02 novembre 2017

Date de cessation : 10 décembre 2021

Ancienneté : 4 ans un mois et huit jours

Soit ⇒	**Année**	**Mois**	**Jours**
Date de cessation	2017	12	10
Date d'embauche	2021	11	02
Ancienneté	**04**	**01**	**08**

Exemple 2 :

Date d'embauche : 18 février 2017

Date de cessation : 10 juin 2021

Ancienneté : 04 ans 04 mois et 9 jours

Dans ce deuxième exemple, la différence entre le jour de cessation et celui de l'embauche est impossible. Pour faciliter l'opération en décompte, un mois (**moins un mois**

à la colonne des mois) est transformé en jours (**plus 30 jours à la colonne des jours**).

Soit ⇒	**Année**	**Mois**	**Jours**
Date de cessation	2021	05	40
Date d'embauche	2017	02	18
Ancienneté	**04**	**03**	**22**

<u>Exemple</u> **3 :**

Date d'embauche : 1er décembre 2011

Date de cessation : 06 avril 2021

Ancienneté : 09 ans 04 mois et 5 jours

Dans ce troisième exemple, la différence entre le mois de cessation et celui de l'embauche est impossible. Pour faciliter l'opération en décompte une année (**moins une année à la colonne des années**) est transformée en mois (**plus 12 mois à la colonne des mois**).

Soit ⇒	**Année**	**Mois**	**Jours**
Date de cessation	2020	16	06
Date d'embauche	2011	12	01
Ancienneté	**09**	**04**	**05**

Présentation de la fiche de calcul des droits

Fiche de calcul des droits de Monsieur :

Date d'embauche	:
Date de cessation	:
Ancienneté	:
Emploi	:
Salaire de base	:
Salaire brut	:
Date de retour du dernier congé	:
Convention collective applicable	:
Nombre de parts	:

Droit à payer

Préavis	:
Congé principal	:
Congés au prorata	:
Congés supplémentaires	:
Prime de fin d'année	:
Indemnité de licenciement	:
Primes liées au préavis	:

Commentaire de la fiche de calcul des droits :

- **Date d'embauche** : Date du début d'exécution de la prestation de travail. Que le contrat soit verbal ou écrit.
- **Date de cessation** : Date à laquelle le contrat de travail arrive à terme. Date où le salarié cesse d'être au service de l'employeur.
- **Ancienneté** : Durée pendant laquelle un salarié est au service d'un employeur.
- **Emploi** : Tâches ou fonctions assignées au salarié pour l'exécution de sa prestation de travail
- **Salaire de base** : salaire catégoriel fixé par la convention collective ou par les parties au contrat. Sur ce salaire, se greffent d'autres éléments de rémunération. En dehors des grilles des salaires conventionnels, certains travailleurs peuvent bénéficier des salaires individuels fixés par l'employeur
- **Salaire brut** : Il est composé du salaire de base auquel s'ajoutent les primes qui n'ont pas un caractère de remboursement. Il est défini à l'article 86 du code de travail, servant de base de calcul pour la détermination du préavis, des congés, de l'indemnité de licenciement…
- **Date de retour du dernier congé** : Date à laquelle le salarié reprend son activité professionnelle, après avoir joui de son repos annuel. Cette date sert de référence pour la détermination du prochain congé, après 12 mois de travail effectif.
- **Convention collective applicable** : Document signé d'accord partie entre l'employeur ou un groupe d'employeurs d'une branche d'activité et les syndicats représentatifs dans le secteur

d'activité. Il détermine les conditions de travail.

- **Nombre de parts** : C'est la fixation de la charge du salarié pour la détermination de ses cotisations sociales (IRPP et CNSS).
- **Préavis** : Délai de prévenance avant la rupture d'un contrat. Sa durée est déterminée par les conventions collectives. En cas de la non-observation, l'employeur répare cette omission en payant le salaire brut.
- **Congé principal** : Il est payé en argent, lorsque le salarié n'a pas bénéficié de son droit de jouissance (repos) pendant l'exécution de son activité professionnelle (Article 120-3). Il se prescrit par 3 ans. Le salarié perd le bénéfice des congés au-delà des trois années.
- **Congé au prorata** : Il est payé lorsque le salarié n'a pas accompli 12 mois de présence effective avant la rupture de son contrat de travail. C'est un congé au mois travaillé.
- **Congé supplémentaire :** En fonction de l'ancienneté du travailleur dans l'entreprise, le salarié bénéficie en sus de 26 jours, des jours additionnels fixés par la convention collective.
- **Prime de fin d'année :** Encore appelée 13ème mois, c'est une rémunération additionnelle octroyée au salarié à la fin de l'année. Les modalités de calcul sont déterminées par les conventions collectives (généralement, c'est le salaire de base qui est pris en compte).
- **Indemnité de licenciement** : compensation octroyée au salarié à la fin de son contrat de travail à durée indéterminée, lorsque celui-ci n'a pas commis une faute lourde. Les modalités

des calculs sont déterminées par les conventions collectives.

- **Primes liées au préavis** : avantages accordés au salarié pendant le calcul de ses droits liés à la rupture de son contrat de travail. En sus de l'indemnité compensatrice de préavis, il bénéficie des primes à caractère de remboursement de frais.

La détermination du salaire brut

Le salaire brut sert de base de calcul des droits liés à la rupture du contrat de travail (article 86 du code de travail). Il est composé du salaire de base auquel s'ajoutent les primes à caractères non remboursement de frais.

Salaire brut = Salaire de base + Primes à caractère de non remboursement de frais

Salaire brut	=	Salaire de base	Prime d'ancienneté	Prime de risque	Total
		55.000	+ 10.000	+ 15.000	**80.000**

Salaire brut	=	Salaire de base	Prime d'ancienneté	Prime de Responsabilité	Prime de caisse	Total
		100.000	+ 8.000	50.000	25.000	**183.000**

Salaire brut	=	Salaire de base	Sursalaire	Prime de Responsabilité	Total
		150.000 +	500.000	100.000	**750.000**

Cas pratique 1 : Paiement des droits

Monsieur Paul a été embauché le 20 février 2014 dans une maison de commerce, en qualité de vigil avec un salaire de base de 55.000 FCFA. Il avait une prime de transport de 25.000 FCFA. Pendant l'exercice de son activité professionnelle, il n'a jamais joui de ses congés. A l'issue de son licenciement intervenu le 30 décembre 2021, il réclame le paiement de ses droits.

Eléments de calcul :

- Préavis : 1 mois ;
- Indemnité de licenciement : 30% pour les 6 premières années, 38% de la 7ème à la 12ème année, 40% au-delà ;
- Congé supplémentaire : 10 jours ;
- Prime d'ancienneté : 1% par année de présence
- Prime d'ancienneté : $\frac{55.000 \times 7}{100} = 3.850$
- Prime de fin d'année : 55.000 FCFA
- Salaire brut = Salaire de base + prime d'ancienneté
  55.000 + 3.850 = 58.850

<u>Fiche de calcul des droits de Monsieur Paul</u>

Date d'embauche : 20 février 2014
Date de cessation : 30 décembre 2021
Ancienneté : 7 ans 10 mois 10 jours
Emploi : vigile
Salaire de base : 55.000 FCFA
Convention collective : commerce

<u>Droit à payer</u>

<u>Droits imposables</u>

Préavis	:	58.850 x 1 = **58.850 FCFA**
Congés principaux	:	58.850 x 3 = **176.550 FCFA**
Congés supplémentaires	:	$\frac{176.550 \times 5}{26}$ = **33.952 FCFA**
Prime de fin d'année	:	55.000 x 1 = **55.000 FCFA**
Total des droits imposables	:	**58.850 +176.550 +33.952 +55.000= 324.351 FCFA**

Droits non imposables

Indemnité de licenciement	:	58.850 x 30% x 6 = **05.930 FCFA** 58.850 x 38% x 1 = **22.363 FCFA** $\frac{58.850 \times 38 \times 10}{1200}$ = **18.635 FCFA** $\frac{58.850 \times 38 \times 10}{31.200}$ = **716 FCFA**

Prime liée au préavis

Transport		25.000 x 1 = 25.000
Total des droits non imposables	=	**105.930 + 22.363 + 18.635 + 716 +25.000 = 172.644 FCFA**

Total des droits : 324.351 + 172.644 = 496.995

Cas pratique 2 : Paiement des droits légaux et conventionnels

Monsieur Jacques était mécanicien dans une entreprise de transport où il a travaillé pendant 6 ans avec un salaire brut de 120.000 FCFA. L'employeur lui doit 8 mois de congé. Il réclame à cet effet le paiement des droits légaux et conventionnels.

Eléments de calcul :

- Préavis : 1 mois ;
- Indemnité de licenciement :
  - de 1 à 3 ans, 2 mois de salaire brut ;
  - de 3 à 5 ans, 3 mois de salaire brut ;
  - de 5 à 10 ans, 4 mois de salaire brut ;

- Salaire de base : 100.000 FCFA ;
- Salaire brut : 120.000 FCFA ;
- Transport : 60.000 FCFA ;
- Congé supplémentaire : 5 jours.

Fiche de calcul des droits de Monsieur Jacques

Ancienneté : 6 ans
Emploi : mécanicien
Salaire de base : 100.000 FCFA
Salaire brut : 120.000 FCFA
Convention collective : transport et assimilés

Droit à payer

Droits imposables

Préavis	:	120.000 x 1 = **120.000 FCFA**
Congés au prorata	:	$\frac{120.000 \times 8}{12}$ = **80.000 FCFA**
Congés supplémentaires	:	$\frac{80.000 \times 5}{26}$ = **15.385 FCFA**
Prime de fin d'année	:	100.000 x 1 = **100.000 FCFA**
Total des droits imposables	:	**120.000 + 80.000 + 15.385 + 100.000 = 315.385 FCFA**

Droits non imposables

Indemnité de licenciement :	120.000 x 4 mois =**480.000 FCFA**
Majoration :	100.000 x 25% x 1 = **25.000 FCFA**
Total indemnité de licenciement :	480.000 x 25.000 = **505.000 FCFA**
Prime liée au préavis (Transport) :	60.000 x 1 = **60.000 FCFA**

Total des droits non imposables	=	**505.000 + 60.000 = 565.000 FCFA**

Total des droits : 315.385 + 565.000 = 880.385 FCFA

Observation : Dans les cas précités, le salarié n'a pas été immatriculé à la caisse nationale de sécurité sociale ; ce qui explique l'absence des déductions des parts dévolues à la CNSS et au service des impôts.

Cette pratique de ne pas immatriculer les travailleurs porte atteinte aux droits à la sécurité sociale des salariés qui n'ont pas droit aux différentes prestations servies par la CNSS. C'est l'employeur qui tire profit de ce défaut d'immatriculation des travailleurs, en confisquant à son profit la part patronale 20,28%.

Le premier salarié a travaillé pendant 7 ans et le deuxième pendant 6 ans sans bénéficier du droit de jouissance au congé payé. Mais pendant le calcul de ces droits, il est impossible de leur accorder la totalité de leurs congés en vertu du principe de prescription, posé à l'article 120 du code de travail.

La prescription est l'extinction d'un droit du fait de l'écoulement du temps. Ainsi, il ne peut bénéficier que des allocations de trois congés.

Pour éviter cette perte des droits légitimes, les salariés doivent réclamer auprès de l'employeur, après 12 mois de travail effectif, leur droit de jouissance au congé payé qui se matérialise en termes de repos et dans la pratique de rachat de repos, constaté dans plusieurs entreprises.

Le rachat de repos est nul lorsque le salarié s'acquitte encore de son activité professionnelle (Article 120 alinéa 4).

L'intégralité des droits liés à la rupture de contrat est versée au travailleur en cas de licenciement abusif (article 42 du code de travail) ou de perte de confiance.

Cas pratique 3 : Paiement des droits

Monsieur Célestin était embauché le 10 mai 2016 dans une boulangerie en qualité de fournier, avec un salaire de base de 60.000 FCFA. Le 04 avril 2022, il a été surpris en flagrant délit de vol de pain. Il n'a jamais bénéficié de ses congés.

A la suite de son licenciement, il réclame le paiement de l'intégralité de ses droits.

Eléments de calcul :

- Préavis : 1 mois ;
- Congé supplémentaire : 2 jours ;
- Indemnité de licenciement : 25% pour les 5 premières années, 30% de la 6ème à la 10ème année ;
- Prime d'ancienneté : 5% du salaire de base ;
- Salaire de base : 60.000 FCFA ;
- Transport : 4.500 FCFA.

<u>Fiche de calcul des droits de Monsieur Célestin</u>

Date d'embauche : 10 mai 2016
Date de cessation : 04 avril 2022
Ancienneté : 5 ans 10 mois 24 jours
Emploi : Fournier
Salaire de base : 60.000 FCFA
Salaire brut : 63.000 FCFA
Convention collective : Boulangerie

Droit à payer

Droits imposables

Congés principaux	:	63.000 x 3	= **189.000 FCFA**
Congés supplémentaires	:	$\frac{189.000 \times 2}{26}$	= **14.538 FCFA**

Total des droits : **189.000 + 14.538 = 203.538 FCFA**

Total des droits : 189.000 + 14.538 = 203.538 FCFA

Cas pratique 4 : Paiement des droits

Fiche de Calcul des droits de Monsieur Constant,

Licencié pour faute lourde

Ancienneté	:	02 ans.
Date de retour du dernier congé	:	25 Février 2020
Date de cessation	:	25 Décembre 2019
Emploi	:	Pointeur
Salaire de référence	:	60.000 FCFA

Droit à payer

Congés au prorata : $\frac{60.000 \times 2}{12}$ = **10.000 FCFA**

Total : **10.000 FCFA**

Observation :

Les salariés (cas pratiques 3 et 4) ont été licenciés pour vol, donc pour faute lourde. Ils perdent le bénéfice de l'indemnité de préavis, de licenciement, celles liées au préavis et la prime de fin d'année.

Cette privation des primes et indemnité est une sanction qui résulte du mauvais comportement du salarié.

Le salarié au cas pratique 4 n'a bénéficié que d'un congé au prorata de 2 mois, car il avait déjà joui de ses congés de 2 mois avant son licenciement.

Cas pratique 5 : Paiement des droits

Madame Huguette a travaillé dans une pâtisserie pendant 3 ans avec un salaire brut de 100.000 FCFA. L'employeur lui doit une année et demie de congé. A la rupture de son contrat de travail, elle réclame le paiement de ses droits.

Eléments de calcul :

- Préavis : 1 mois ;
- Congé supplémentaire : 2 jours ;
- Prime de transport : 15.000 FCFA ;
- Prime de salissure : 10.000 FCFA ;
- Prime de panier : 12.000 FCFA ;
- Indemnité de licenciement : 50% pour les 5 premières années;
- Salaire de base : 80.000 FCFA ;
- Salaire brut : 100.000 FCFA.

Fiche de calcul des droits de Madame Huguette

Ancienneté : 3 ans
Emploi : serveuse
Salaire de base : 80.000 FCFA
Salaire brut : 100.000 FCFA

Convention collective : Hôtellerie

Droits à payer

Droits imposables

Préavis	:	100.000FCFA x 1 = **100.000 FCFA**
Congé principal	:	100.000 FCFA x 1 = **100.000 FCFA**
Congés au prorata	:	$\frac{100.000 \text{ FCFA} \times 6}{12}$ = **50.000 FCFA**
Congés supplémentaires	:	$\frac{150.000 \text{ FCFA} \times 2}{26}$ = **11.538 FCFA**
Prime de fin d'année	:	80.000 FCFA x 1 = **80.000 FCFA**

Total des droits imposables : **100.000** FCFA + **100.000** FCFA + **50.000** FCFA + **11.538** FCFA + **80.000** FCFA = **341.538 FCFA**

Droits non imposables

Indemnité de licenciement : 100.000 FCFA x 3 x 50% = **150.000 FCFA**

Primes liées au préavis

Transport	15.000 FCFA x 1 = 15.000 FCFA
Salissure	10.000 FCFA x 1 = 10.000 FCFA
Panier	12.000 FCFA x 1 = 12.000 FCFA

Total des droits non imposables = **150.000 +15.000 + 10.000+12.000 = 187.000 FCFA**

Total des droits : 341.538 + 150.000 +187.000 = 678.538 FCFA

Cas pratique 6 : Paiement des droits

Fiche de calcul des droits de Madame Jeanne, licenciée pour perte de confiance

Ancienneté	:	02 mois
Emploi	:	Personnel de maison
Salaire de référence	:	75.000 FCFA

Droits à payer

préavis	:	$\frac{75.000 \times 8}{26}$	= **23.076 FCFA**
Congés au prorata de 2 mois	:	$\frac{75.000 \times 2}{12}$	= **12.500 FCFA**
Salaire présence de 8 jours	:	$\frac{75.000 \times 8}{26}$:	= **23.076 FCFA**

Net à payer : 58.652 FCFA

Observation :

Cette salariée licenciée pour perte de confiance ne peut pas bénéficier de l'intégralité de ses droits liés à la rupture de contrat à cause de sa présence (02 mois) dans l'entreprise. Elle ne peut prétendre au bénéfice de l'indemnité de licenciement prévue par le texte qui régit le secteur d'activités.

Cas pratique 7 : Paiement des droits

Fiche de calcul des droits de Monsieur Didier

Ancienneté	:	5 ans
Emploi	:	Pétrisseur
Salaire de référence	:	150.000 FCFA

Droits à payer

Préavis	:	150.000 x 1 = 150.000 **FCFA**
Congés	Non dus	
Prime de fin d'année	Supprimée pour cause de sanction (mise à pied)	
Indemnité de licenciement	:	$\frac{150.000 \times 25 \times 5}{100}$: = **187.500 FCFA**
Prime de transport liée au préavis	:	4.500 x 1 =**4.500 FCFA**
Total	:	**342.000 FCFA**

Cas pratique 8 : Paiement des droits

Fiche de Calcul des droits de Monsieur Didace (salarié démissionnaire)

Ancienneté : 05 ans

Emploi : pétrisseur

Salaire de référence : 105.000 FCFA

Droits à payer

Congés principaux	:	105.000 x 2 = **210.000 FCFA**
Congés supplémentaires	:	$\frac{210.000 \times 3}{26}$ =**224.230 FCFA**
Total congés	:	234.230 FCFA

Salaire de présence (7 jours) : 3.500 x 7 = 24.500 FCFA

Net à payer : 258.730 FCFA

Cas pratique 9 : Paiement des droits

Fiche de calcul des droits de Monsieur Bouka (salarié démissionnaire)

Ancienneté	:	5 ans
Emploi	:	Pétrisseur
Salaire de référence	:	105.000 FCFA

Droits à payer

Congés principaux	:	105.000 x 3 = **315.00 FCFA**
Congés supplémentaires	:	315.000 x 3 / 26 = **36.345 FCFA**
Total congés	:	351.345 FCFA
Total des droits	:	**351.345 FCFA**

Observation :

Le salarié démissionnaire, à moins que cet acte ne soit motivé par le comportement véreux de l'employeur qui se traduit par la maltraitance, la privation des libertés familiales, le harcèlement de toute nature, perd le bénéfice des primes et indemnités liées à la rupture du contrat de travail.

Toutefois, s'il est démontré que le salarié a quitté l'entreprise par la malveillance de son employeur, ce dernier sera astreint au paiement de toutes les primes et indemnités liées à la rupture du contrat de travail.

Cas pratique 10 : Paiement des droits

<u>Fiche de calcul des droits de Madame Françoise</u>

Date d'embauche	:	02 novembre 2017
Date de cessation	:	10 décembre 2021
Ancienneté	:	4 ans un mois et huit jours
Emploi	:	Vendeuse
Salaire de référence	:	129.400 FCFA
Convention collectives des officines de pharmacie	:	129.400 FCFA

Droits à payer

Préavis	:	129.400 x 1	= 129.400 FCFA
Congé principal	:	129.400 x 1	= 129.400 FCFA
Congé supplémentaires	:	129.400 x 3 / 26	= 14.930 FCFA
Prime de fin d'année	:	129.400	= 129.400 FCFA
Total droits imposables	:	403.130	= 403.130 FCFA
CNSS	:	403.130 x 4%	= 16.125 FCFA
IRPP	:		= 3096 FCFA
Reste droits imposables	:		= 383.909 FCFA
Droits non imposables	:		
Indemnité de licenciement	:	129.400 x 4 x 32%	= 165.635 FCFA
		129.400 x 1 x 32/1.200	= 3.450 FCFA
		129.400 x 8 x 32/31.200	= 1.061 FCFA
Prime liée au préavis			
Transport		15.000	15.000 FCFA

Net à payer : 569.052 FCFA

Cas pratique11 : Paiement des droits

Droits consécutifs à la rupture du contrat de travail de monsieur Libaliki Alphonse

Renseignements généraux

Date d'embauche:	23 juillet 2019
Date de cessation:	07 décembre 2022
Ancienneté:	03 ans et 4 mois
Emploi occupé:	Chauffeur
Catégorie:	5
Salaire de base:	99.008 F
Date de retour de congé	7 novembre 2022

Prime d'ancienneté : 3%. 2970 F

Salaire brut : 101.978 F

Nombre de parts: 2.5

Convention collective applicable : commerce

<u>Décomptes</u>

A/ Droits imposables :

1/ Préavis (2 mois) : 101 978 x 2=

2/ Congés : 203 956 F

- Au prorata : 101 978 x1/12 = 8 498F
- Supplémentaire : 8 498 x 3/6 = 980F

3/ Prime de fin d'année : 99 008 x1/12 = 99 008F

Total droits imposables = 312 442F

CNSS : 12 498F

IRPP : 2 400F

Total retenues = 14 898F

Droits imposables après retenues = 297 544F

B/ Droits non imposables

4/ Indemnité de licenciement :

- 101 978 x 30% x 3 = 91 780 F
- 101 978 x 30% x 4/12 = 10 197 F

5- Prime liée au préavis

Transport : 25.000 x 2 = 50.000F

Rappel prime d'ancienneté : 2 970 x 12 = 35 640F

Total général des droits = 482 612 FCFA

Cas pratique 12 : Paiement des droits

Fiche individuelle de calcul des droits

Noms et prénoms:	Maboueni Itoua Beranger
Date d'embauche:	1er janvier 2009
Date de cessation:	21 janvier 2021
Ancienneté:	12 ans et 20 jours
Emploi occupé:	Préposé de vente
Catégorie:	4
Salaire de base:	80 456
Prime d'ancienneté (12%):	9 655
Salaire global moyen mensuel:	90 111
Situation familiale:	Célibataire, 3 enfants
Nombre de parts:	3,0
Date de dernier congé:	24 décembre 2020
Congés dus :	Au prorata de 1 mois
Convention collective applicable :	Commerce

Droits à payer

I- Droits imposables

1- indemnité compensatrice de préavis (1mois) : 90.111 x 1 mois =	90.111
2- Congés :	
- Principal :	0
- Au prorata : 90.111x 1/12 mois =	7 509
- Supplémentaire : 7.509 x 6/26 jours =	1 733
3- Prime de fin d'année : 80.456 x 1 mois =	80 456
4- Rappel prime d'ancienneté : 9.655 x 12 mois =	115 860
Total droits imposables =	295 669
5- Retenues :	
- CNSS :	11 827
- IRPP :	12 267
Total retenues=	24 094
Total droits imposables après retenues=	**271 575**

II- Droits non imposables

1- Indemnité de licenciement :

- 90.111 x 30% x 6ans =	162 200
- 90.111 x 38% x 6ans =	205 453
- 90.111 x 44% x 1/12 mois =	3 304
Total indemnités de licenciement =	370 957

2- Avantage lié au préavis (indemnité de transport) : 25.000 x 1 mois =	25.000
3- Rappel indemnités de de transport : 25.000 x 12 mois =	300.000
Total droits non imposables =	**695 957**

TOTAL DROITS A PAYER = 667 532 francs CFA

Arrêtée la présente fiche individuelle de calcul des droits à la somme de **six cent soixante-sept mille cinq cent trente-deux francs CFA**.

Cas pratique 13 : Paiement des droits

Fiche individuelle de calcul des droits

Noms et prénoms :	SILAHO MATHIEU
Date d'embauche :	1er novembre 1986
Date de cessation :	21 janvier 2021
Ancienneté :	34 ans, 2 mois et 20 jours
Emploi occupé :	Préposé de vente
Catégorie :	4
Salaire de base :	80 456
Prime d'ancienneté (12%) :	10 459
Salaire global moyen mensuel :	90 915
Situation familiale :	Célibataire, 3 enfants
Nombre de parts :	3,0
Date de dernier congé :	24 décembre 2020
Congés dus :	Au prorata de 1 mois
Convention collective applicable :	Commerce

Droits à payer

I- Droits imposables

1- indemnité compensatrice de préavis (1mois) : 90.915 x 1 mois =	90.915
2- Congés :	
- Principal :	0
- Au prorata : 90.915 x 1/12 mois =	7 576
- Supplémentaire : 7.576 x 6/26 jours =	1 748
3- Prime de fin d'année : 80.456 x 1 mois =	80 456
4- Rappel prime d'ancienneté : 10 459 x 12 mois=	125 508
Total droits imposables =	306 203
5- Retenues :	
- CNSS :	12 248
- IRPP :	13 076
Total retenues =	25 324
Total droits imposables après retenues =	**280 879**

II- Droits non imposables

1-Indemnité de licenciement :	
- 90.915 x 30% x 6ans =	163 647
- 90.915 x 38% x 6ans =	207 286
- 90.915 x 44% x 1an =	40 003
- 90.915 x 44% x 1/12 mois =	3 334
Total indemnités de licenciement =	414 270

2- Avantage lié au préavis (indemnité de transport) : 25.000 x 1 mois =	25.000
3- Rappel indemnités de transport : 25.000 x 12 mois =	300.000
Total droits non imposables =	**739 270**

TOTAL DROITS A PAYER = 1. 988 188 francs CFA

Arrêtée la présente fiche individuelle de calcul des droits à la somme d'un **million neuf cent quatre-vingt-huit mille cent quatre-vingt-huit francs CFA.**

Le calcul des heures supplémentaires

Les heures supplémentaires constituent le temps de travail effectué au-delà de la durée légale de travail. Elles sont calculées de façon hebdomadaire et doivent être autorisées par l'Inspecteur de travail du ressort, à la limite de 20 heures par semaine au regard du décret n°78/360 du 12 mai 1978, fixant pour les établissements ne relevant pas du régime agricole la durée du travail, la réglementation des heures supplémentaires et les modalités de leur rémunération.

La durée hebdomadaire légale est de 40 heures, soit 7 heures ou 8 heures de travail par jour, selon les secteurs d'activités. En fonction de la nature des secteurs d'activités, des durées équivalentes à 40 heures ont été prévues par les textes réglementaires.

Les heures supplémentaires donnent lieu aux majorations suivantes :

- 10% du salaire horaire pour les 5 premières heures au-delà de la durée légale ou la durée considérée comme équivalente ;

- 25% du salaire horaire pour les heures suivantes du jour ;

- 50% du salaire horaire pour les heures de nuit effectuées le jour de repos hebdomadaire ou les jours fériés ;
- 100% du salaire horaire pour les heures de nuit effectuées le jour de repos hebdomadaire ou les jours fériés.

La base de calcul à prendre en considération est le salaire de base catégoriel ou le SMIG pour les secteurs qui ne sont pas couverts par une convention collective.

A cet effet, il faut connaître le nombre d'heures effectué par mois correspondant au salaire de base ou au SMIG, afin de déterminer le salaire horaire. D'où l'opération suivante :

$$\frac{40 \text{ heures} \times 52 \text{ (semaines)}}{12 \text{ (mois)}} = 173,33$$

- 40 heures constituent la durée hebdomadaire de travail ;
- 52 semaines constituent le nombre de semaines par année ;
- 12 mois constituent le nombre de mois de l'année.

Ainsi 173,33 est le référentiel, le quotient pour déterminer le salaire horaire.

$$\text{Salaire horaire} = \frac{\text{salaire de base}}{173,33}$$

N.B. : la durée hebdomadaire de travail fixée à 40 heures peut être prolongée par équivalence horaire en raison de la nature d'activité :

Tableau des équivalences d'heures

Branche d'activité	**Catégorie**	**Durée de présence équivalant à 40h**	**Texte d'application**
Toutes activités non agricoles	- Gardien de jour, personnel de surveillance …………………………… - Gardien de nuit , dit sentinelle……………	60h 72h	Art 9 de l'arrêté n°38 du 29/12/1953
Commerce	- Personnel affecté à la vente……………………	46h	Art 3 de l'arrêté n°39 du 29/12/1953
Café, restaurant, hôtels	- Personnel de cuisine ………………………… - Personnel de la réception des chambres, des salles, des bars ou terrasses ………….. - Gardiens, concierges , porteurs, bagagistes, chasseurs, coursiers, service d'incendie …………………………………………………	46h 50h 56h(1)	Art 1 de l'arrêté n°40 du 29/12/1953

Magasins et salons de coiffure	- Ensemble du personnel de cuisine………………………………	48h	Art 1 de l'arrêté n°41 du 29/12/1953
Activités portuaires	- Travailleur employé exclusiment à bord des navires et sur les quais par les entreprises d'acconage, de manution , de transit et de transport dont l'activité s'exerce dans les ports maritimes ou fluviaux……………………… - Personnel affecté exclusiviment au gardiennage de materiel, des magasins, des marchandises, des enceintes des quais ……………..	46h 56h	Art 2 de l'arrêté n°43 du 29/12/1953
Transports routiers	- Conducteurs de taxi…………………………..	60h	Art 2 de l'arrêté n°46 du 29/12/1953
Transports aeriens	- Personnel d'escale et chauffeurs…………………………………… - Personnel de gardiennage, surveillance et incendie ………………	De 60h à 48h De 40H à 50h	Art 6 de l'arrêté n°255 du 29/12/1954

Transports aeriens	- Personnel d'escale et chauffeurs…………………………… - Personnel de gardiennage, surveillance et incendie ………………	De 60h à 48h De 40H à 50h	Art 6 de l'arrêté n°255 du 29/12/1954
Transports fluviaux	- Personnel embarqué, exception faite des chauffeurs et routiers employés uniquement dans leur spécialité et des barreurs travaillant seuls………………………………………………	48h	Art 3 de l'arrêté n°257 du 23/01/1954
Eau Electricté	- Personnel à occupé des activités continues ayant pour objet la production, la transformation et la distribution, l'épuration et l'élévation des eaux…………………… - Personnel de surveillance et de dépannage concourant aux activités ci-dessus…………… - Agent chargé normalement de la conduite et de la surveillance des machines et appareil des usines de production, des stations, sous-section, poste de transformation ou de réparation : - Si pas plus de 2 agents par poste complet de travail(4) …………… - Si plus de 2 agent par poste complet de travail (4) ……………	42h (2) 42h (3) 56h 48h	Art 2 de l'arrêté n°256 du 23/01/1954

	- Agent chargé uniquement de gardiennage, surveillance(autre que celle des machines et appareils visés ci-dessus), mannoeuvre des vannes, service incendie, service médical………………………………	56h	
Hopitaux, établissements hospitaliers	- Personnel affecté exclusivement au service des malades ou hospitalier……………… - Ambulancier…………………… - Personnel de cuisine…………… - Personnel excluivement affecté à des opérations de gardiennage, surveillance,service d'incendie………………………………………	45h 54h 45h 60h	Art 2 de l'arrêté n°38/234 du 13/11/1959

(1) Ces durées d'équivalences sont majorées de 4h lorsque le personnel est nourri.
(2) A la condition que la durée du travail journalier ne soit en aucun cas supérieure à 8 heures et qu'il soit assuré à chaque travailleur au moins un repos de 24 heures consécutives par semaine.
(3) Ces agents bénéficieront d'un congé complémentaire payé d'une durée égale à une semaine par an qui s'ajoutera au congé légal.
(4) Lorsque le personnel est nourri par l'établissement, la durée de présence est augmentée d'une durée d'équivalence.

Pour un salaire de base de 170.000, le salaire horaire se calculera ainsi qu'il suit : $\frac{170.000}{173,33} = 980,78$ Frs

Pour un salaire de base de 110.000, le salaire horaire se calculera ainsi qu'il suit : $\frac{110.000}{173,33} = 635$ Frs

Cas pratique n° 14 : Paiement des droits

Date d'embauche : 1er septembre 2013

Date de cessation : 2 février 2022

Ancienneté : 8 ans, 5 mois et 1 jour

Emploi occupé : gardien

Salaire de base : 75.000 Frs

Salaire brut : 81.000 Frs

Convention collective : commerce.

Eléments de calcul

Congé dû : 1

Préavis : 1 mois

Indemnité de licenciement : 30% pour les 6 premières années, 38% de la 7ème à 13ème 40% au-delà.

Prime d'ancienneté : 1% par année de présence soit : 75.000 x 8 : 100 = 6.000 frs

P.S. : il travaillait de 8 heures à 19 heures au lieu de 8 heures à 16 heures, du lundi au samedi. Il réclame à cet effet, le calcul de ses heures supplémentaires pendant la durée de son activité professionnelle.

Droit à payer

Droits imposables

Préavis : 81.000 x 1 = 81.000 Frs

Congé principal : $\frac{81.000 \times 2}{26}$ = 18.692 frs

Congé supplémentaire : $\frac{18.692 \times 4}{26}$ = 2.875 frs

Prime de fin d'année : 75.000 x 1= 75.000 frs

Total des droits imposables : 81.000 +18.692+ 2.875 +75.000 = **177.567 Frs**

Droits non imposables

Indemnité de licenciement :

81.000 x 30% x 6 = 145.800 frs

81.000 x 38%x 3 = 92.340 frs

$\frac{81.000 \times 38 \times 1}{31.200}$ = 98,65 frs

Prime liée au préavis

25.000 x 1 = 25.000 frs

Total droits non imposables : 263.238 frs

Total des droits : 177.567 +263.238 = 440.805

Heures supplémentaires effectuées

Salaire horaire : $\frac{\text{Salaire de base}}{173,33}$; soit $\frac{75.000}{173,33}$ = 432 frs

Montant des heures supplémentaires : 3 heures par jour x 6 jours =18 heures par semaine ; soit 432 frs x 18h = 7.776 frs par semaine.

Majoration à 10%

432 frs x 5 x 10% = 216 frs

Majoration à 25%

432 frs x 13 x 25% = 1.404 frs

Total majoration

216 frs+1.404 frs = 1.620 frs

Montant hebdomadaire des heures supplémentaires majorées

7.776 frs +1.620 frs = 9.396 frs

Montant annuel des heures supplémentaires

9.396 frs x 52 = 488.592 frs

Cas pratique n° 15 : Paiement des heures supplémentaires

Monsieur Martin travaille dans une société d'assurance du lundi au samedi de 07 heures à 16 heures.

Son salaire est de 170.000 frs. A la fin de l'année il réclame le paiement des heures supplémentaires qu'il a effectuées.

Calcul des heures supplémentaires

Salaire horaire :

$\frac{\text{Salaire de base}}{173,33}$; soit $\frac{170.000}{173,33}$ = 980,78 frs

Montant des heures supplémentaires : 2 heures par jour x 6 jours =12 heures par semaine ; soit 980,78 frs x 12h = 11.769,36 frs par semaine.

Majoration à 10%

980,78 frs x 5 x 10% = 490,39 frs

Majoration à 25%

980,78 frs x 7 x 25% = 1.716,36 frs

Total majoration

490,39 frs + 1.716,36 frs = **2.206,75 frs**

Montant hebdomadaire des heures supplémentaires majorées

11.769 frs + 2.206,75 frs = 13.976 frs

Montant annuel des heures supplémentaires

13.976 frs x 52 = 726.752 frs

Cas pratique n°16 : Paiement des heures supplémentaires

Monsieur Jean travaillait dans une épicerie du lundi au dimanche de 07 heures à 17 heures, avec un salaire de base de 70.000 frs. Il a travaillé pendant 2 ans. Le jour de son licenciement, il a réclamé le paiement des heures supplémentaires qu'il a effectuées.

Calcul des heures supplémentaires

Salaire horaire : $\frac{\text{Salaire de base}}{173{,}33}$; soit $\frac{70.000}{173{,}33}$ = 404 frs

Montant des heures supplémentaires : 2 heures par jour x 7 jours =14 heures par semaine ; soit 404 frs x 14h = 5.656 frs par semaine.

Majoration à 10%

404 frs x 5 x 10% = 202 frs

Majoration à 25%

404 frs x 9 x 25% = 909 frs

Total majoration

202 frs + 909 frs = **1.111 frs**

Montant hebdomadaire des heures supplémentaires majorées

1.111frs + 5.656frs = 6.767 frs

Montant annuel des heures supplémentaires

6.767 frs x 52 = 351.884 frs

Cas pratique n°17 : Paiement des droits et des heures supplémentaires

Monsieur Alexis était chauffeur dans une entreprise de transport avec un salaire brut de 180.000frs, 30.000frs pour la prime de transport, 10.000frs pour la prime de risque. La convention prévoit comme prime d'ancienneté 1% par année de présence, alors que Monsieur Alexis a travaillé pendant 10 ans du lundi au dimanche 12 heures par jour. Le volume horaire hebdomadaire des chauffeurs est de 50 heures, sans bénéfice au droit des congés payés. Il réclame en outre le paiement des heures supplémentaires effectuées pendant 10 ans.

Eléments de calcul

Indemnité de licenciement : 1 à 3 ans, 1 mois de salaire de base, plus de 3 ans jusqu'à 5 ans : 2 mois de salaire de base, plus de 5 ans jusqu'à 10 ans 2 mois et demi de salaire de base

Congé supplémentaire : 5 jours

Préavis : 2 mois

Salaire de base : 110.00frs.

Droits à payer :

Droits imposables

Préavis : 180.000 x 2 = 360.000 Frs

Congé principal : 180.000 x 3 = 540.000 frs

Congé supplémentaire: $\frac{540.000 \times 5}{26}$ = 103.846 frs

Prime de fin d'année : 110.000 frs

Total des droits imposables : 360.000 + 540.000 +103.846 + 110.000 = **1.113.846 Frs**

Droits non imposables

Indemnité de licenciement :

110.000 x 2,5 = 275.000 frs

Majoration

Prime liée au préavis

30.000 x 2 = 60.000 frs

Total droits non imposables : 335.000 frs

Total des droits : 1.113.846 + 335.000 = 1.448.846

Heures supplémentaires effectuées

Salaire horaire : $\frac{\text{Salaire de base}}{173{,}33}$; soit $\frac{110.000}{173{,}33}$ = 635 frs

Volume horaire de travail : 12 heures par jour x 7 jours =84 heures par semaine au lieu de 50 heures.

Volume horaire supplémentaire hebdomadaire : 84 h – 50 h = 34 h

Montant des heures supplémentaires hebdomadaire : 34h x 635 frs =21.590 frs.

Majoration à 10%

635 frs x 5 x 10% = 318 frs

Majoration à 25%

635 frs x 29 x 25% = 4.604 frs

Total majoration

318 frs+4.604 frs = 4.922 frs

Montant hebdomadaire des heures supplémentaires majorées

21.590 frs +4.922 frs = 26.512 frs

Montant mensuel des heures supplémentaires

26.512 x 4 = 106.048 frs

Montant annuel des heures supplémentaires

106.048 x 52 = 1.372.624 frs

LE POUVOIR SANCTIONNATEUR DE L'EMPLOYEUR

Il est l'émanation du pouvoir disciplinaire de l'employeur qui s'exprime à travers le règlement intérieur qui est la charte de l'entreprise en matière de discipline.

Le règlement intérieur a été institué pour tempérer les velléités anarchistes des salariés censés troubler l'ordre en milieu professionnel ou nuire à la bonne marche de l'entreprise.

Le règlement intérieur est un instrument puissant, dissuasif entre les mains de l'employeur qui est censé l'appliquer : « le règlement intérieur est établi par l'employeur… » Article 75 du code du travail.

Toutefois pour tempérer le pouvoir sanctionnateur de l'employeur, ce dernier est censé respecter certains principes notamment :

- **La proportionnalité de la sanction à la faute**

Ce principe interdit à l'employeur de prendre des sanctions démesurées. Par exemple, pour une faute mineure, il lui est interdit de licencier une personne, d'où en cas de conflit le regard du juge sur l'application d'une sanction.

La conformité de la sanction au règlement intérieur

Pour une faute, l'employeur doit se conformer strictement aux stipulations du règlement intérieur. Pour un manquement énoncé au blâme, il devrait ne pas prononcer le licenciement.

- **La non-discrimination en matière de sanction**

Les travailleurs qui ont commis la même faute doivent être punis de la même manière. Pour une négligence, un travailleur ne peut pas être puni de blâme, alors qu'un autre est sanctionné d'une mise à pied.

En conséquence, en matière de sanction, l'employeur n'a toujours pas les mains libres, car une sanction arbitraire peut encourir l'annulation ou une condamnation de l'employeur au paiement des dommages-intérêts pour le préjudice subi par le salarié.

Le cumul des sanctions

Ce principe commande qu'une faute ne peut pas être réprimandée deux fois par des sanctions différentes. Par exemple, une négligence ne peut pas être punie à la fois de mise à pied et de licenciement.

Les sanctions cumulées sont nulles.

- Ecueil à éviter : certains praticiens du droit de travail appellent faussement cette pratique concomitance des sanctions.

La concomitance des sanctions renvoie aux sanctions de même échelle et non au dédoublement de la répression.

La démarche prélude à une sanction

- La demande d'explication

Pour éviter l'arbitraire, il est judicieux que l'employeur qui reproche certains faits à un salarié puisse s'enquérir au préalable de certaines informations auprès du salarié à qui les faits sont reprochés.

A cet effet, un délai lui est accordé pour fournir les justificatifs au chef d'entreprise.

En cas de refus par le salarié de se justifier, ce dernier peut encourir une sanction extrême qu'est le licenciement.

Cas pratique 18 : Mise en demeure**, suite aux absences non motivées**

A

Monsieur BABINDAMANA Anaclet

Objet : Mise en demeure

Monsieur,

Il y a plus de dix (10) jours, que vous ne vous présentez pas à votre poste de travail, prétextant une maladie. Fait insolite, le samedi 10 juin 2023, votre frère m'a informé que vous étiez paralysé et que vous vous trouvez dans un hôpital, où je me suis rendu sans vous rencontrer. En appelant votre frère a l'intervalle de cinq (5) minutes, ce dernier m'a répondu que vous étiez en route pour le village, afin d'y être soigné.

Assurément, votre version n'est rien d'autre qu'un tissu de mensonges et, je vous recommande à cet effet de me faire parvenir vos justificatifs dans les 48 heures. Dans le cas contraire, vous êtes tenu de reprendre votre poste de travail dans les mêmes délais.

Veuillez agréer, monsieur, l'expression de mes salutations distinguées.

Cas pratique 19 : Explications, suite à une faute commise par un salarié à l'endroit d'un supérieur hiérarchique

A

Monsieur BALOSSA Divin

Objet : Demande d'explications

Monsieur,

En date du 25 septembre 2021, vous avez proféré des propos indécents à votre employeur ; « ce que tu fais aux gens, c'est ce qui se retourne contre toi », alors qu'elle vous disait que l'opportunité de vous offrir un repas ne justifie pas dans la mesure où vous avez fini votre travail à 13 heures. Votre langage codé cache certainement une réalité.

Ainsi, vous êtes tenu de vous expliquer dans les 24 heures, à compter de la réception de la présente.

Veuillez agréer, Monsieur l'expression de mon indignation.

LA SUSPENSION DU CONTRAT POUR MESURES DISCIPLINAIRES

On distingue deux types de suspensions de contrat :

- la suspension de contrat pour un salarié ordinaire ;
- la suspension de contrat pour un salarié protégé.

1. La suspension de contrat pour un salarié ordinaire

Elle est prévue à l'article 41, alinéa 4 du code de travail de la république du Congo. Cette disposition vise la préservation du droit à la défense d'un salarié menacé par la procédure du licenciement.

Par cette procédure, l'employeur veut obtenir un éclairage sur les motivations et la gravité de la faute reprochée au salarié, afin de se faire une opinion plus nette de la situation.

A travers cette procédure, le contrat de travail n'est pas encore rompu, il connait une interruption momentanée du fait des griefs mis à la charge du salarié appelé à se dédouaner des manquements qui lui sont reprochés. Cette interruption momentanée dure 30 jours au plus. Cette durée peut être écourtée, si le salarié présumé fautif fait sa défense avant le 30ème jour auprès de son employeur.

Cette période n'ouvre pas droit au paiement des salaires.

2. La suspension de contrat pour un salarié protégé

C'est une mesure suspensive prise par l'employeur, prélude au licenciement d'un salarié protégé (délégué du personnel, représentant syndical, membre du comité d'hygiène).

Par rapport à leur statut dans l'entreprise, les salariés protégés sont souvent la cible des chefs d'entreprise qui les considèrent comme des salariés gênants au regard de leur rôle revendicatif.

C'est pour épargner ces salariés de l'arbitraire des employeurs mal intentionnés que les mesures de licenciement de cette catégorie de personnel envisagées doivent être autorisées par la commission de litiges.

Pendant cette période, le salarié bénéficie de son salaire de base.

Cas pratique 20 : Suspension du contrat de travail pour abandon de poste

Le Gérant

A

Monsieur ISSA MAHAMAT

Objet : Suspension de votre contrat de travail

Monsieur,

Il nous a été donné de constater que vous avez abandonné votre poste de travail, sans autorisation ni justification pendant deux (02) mois.

Ce comportement délibéré et intolérable m'emmène à suspendre votre contrat de travail pour trente (30) jours, délai nécessaire pour présenter votre défense, assisté si possible d'une personne de votre choix.

Veuillez agréer, Monsieur, l'expression de ma profonde désolation.

Cas pratique 21 : Suspension du contrat de travail pour vol

Le Gérant

A

Monsieur ANDELY Doctrové

Objet : Suspension de votre contrat de travail

Monsieur,

Vous avez été surpris en flagrant délit de vol des platines de gâteaux ; acte que vous avez reconnu.

Ce comportement délibéré m'emmène à suspendre votre contrat de travail pour trente (30) jours, délai nécessaire pour présenter votre défense, assisté si possible d'une personne de votre choix.

Veuillez agréer, Monsieur, l'expression de ma profonde désolation.

Cas pratique 22 : Suspension du contrat de travail pour vol

Le Gérant

A

Mademoiselle KAZI Anicette

<u>Objet</u> : Suspension de votre contrat de travail

Mademoiselle,

En date du 29 octobre 2020, alors que la caissière de la pharmacie s'était déplacée pour vaquer à un besoin, vous avez été surprise en flagrant délit de vol en voulant ouvrir le tiroir de la caisse ; ce qui ne relève pas de vos attributions.

Cet acte intolérable, alors que la pharmacie traverse une situation financière difficile, m'emmène à suspendre votre contrat de travail pour trente (30) jours ; délai nécessaire pour présenter votre défense, assistée d'une personne de votre choix.

Veuillez agréer, Mademoiselle, l'expression de mon indignation.

Cas pratique 23 : Suspension du contrat de travail pour vol

Le Directeur

A

Monsieur MOYOKOLO Pierre

Objet : Suspension de votre contrat de travail

Monsieur,

Vous avez été surpris en flagrant délit de vol d'un tapis à la boulangerie.

Cet acte inacceptable m'emmène à suspendre votre contrat de travail pour trente (30) jours, délai nécessaire pour présenter votre défense, assisté si possible d'une personne de votre choix.

Veuillez agréer, Monsieur l'expression de ma profonde désolation.

Cas pratique 24 : Suspension du contrat de travail pour absence préjudiciable à l'employeur

Le Gérant

A

Monsieur MBERI NDZABA Fridolin

Objet : Suspension de votre contrat de travail

Monsieur,

En date du 23 mars 2021, vous vous êtes permis de vous absenter de votre poste de travail, occasionnant par ce fait le gaspillage de 972 pains que vous devriez livrer à notre client.

Cet acte délibéré de sabotage m'emmène à suspendre votre contrat de travail pour trente (30) jours, délai nécessaire pour présenter votre défense, assisté si possible d'une personne de votre choix.

Veuillez agréer, Monsieur, l'expression de ma profonde désolation.

Cas pratique 25 : Suspension du contrat de travail pour menace à l'endroit d'un supérieur hiérarchique

Le Gérant

A

Monsieur GANVOULA Nicéphore Patrick

<u>Objet</u> : Suspension de votre contrat de travail

Monsieur,

Il nous a été rapporté avec audio à l'appui, comme preuve, que vous avez proféré des menaces graves à l'endroit du gérant de la société PRESTIGE, où vous avez travaillé en commettant plusieurs malversations qui conduisent la société à rembourser d'importantes sommes d'argent jusqu'à ce jour, faisant fi de la clémence de votre employeur.

Cet acte d'indiscipline manifeste m'emmène à suspendre votre contrat de travail pour 30 jours, délai nécessaire pour présenter votre défense, assisté d'une personne de votre choix.

Veuillez agréer, Monsieur l'expression de ma profonde désolation.

Cas pratique 26 : Suspension du contrat de travail pour rixe

Le Directeur

A

Monsieur MABELE Wilfrid

Objet : Suspension de votre contrat de travail

Monsieur,

En date du 16 février 2022, vous avez semé l'agitation dans la boulangerie, en poussant vos collègues à abandonner la pâte qui était déjà prête dans le pétrin.

Cet acte de sabotage constitutif de faute lourde m'emmène à suspendre votre contrat de travail pour trente (30) jours.

Ainsi, vous avez la faculté de présenter votre défense, assisté d'une personne de votre choix, conformément à l'article 41, alinéa 4, du code du travail.

Veuillez agréer, Monsieur mes salutations distinguées.

Cas pratique 27 : Suspension du contrat de travail pour absence préjudiciable à l'employeur

Le Gérant

A

Monsieur KANOUTE Alpha

<u>Objet</u> : Suspension de votre contrat de travail

Monsieur,

En date du 1er juin 2018, vous avez déserté votre poste de travail sans justification, paralysant par ce fait une partie des activités de la société, car vous devriez faire des courses importantes. A cause de ce récidivisme constitutif de faute lourde, votre contrat est suspendu pour 30 jours, délai nécessaire pour présenter la défense, assisté d'une personne de votre choix.

Veuillez agréer, monsieur, l'expression de mon indignation.

Cas pratique 28 : Suspension du contrat de travail pour absence prolongée

Le Directeur

A

Monsieur MAKOSSO BOLOKO Pégas

Objet : Suspension de votre contrat de travail

Monsieur

Il nous a été donné de constater que vous avez refusé de vaquer à vos occupations professionnelles, malgré le rappel à l'ordre qui vous avait été fait en date du 14 août 2021.

A cet effet, votre absence prolongée en milieu professionnel constitue un abandon de poste, fait constitutif de faute lourde.

Ainsi, vous avez la faculté de présenter votre défense dans les trente (30) jours à compter de la date de réception de ce courrier. Vous pouvez vous faire assister par une personne de votre choix, conformément à l'article 41 alinéa 4 du code du travail.

Veuillez agréer, Monsieur, mes salutations distinguées.

Cas pratique 29 : Suspension du contrat de travail pour grève

Le Directeur

A

Monsieur KAMOLOKE MASESE

<u>Objet</u> : Suspension de votre contrat de travail

Monsieur,

En date du 14 mars 2023 à 23 heures 30 minutes, vous avez engagé un mouvement de grève inopiné, prétextant une diminution de votre salaire ; alors qu'à la paie précédente vous l'avez acceptée.

Ce revirement de comportement, qui a conduit à un arrêt de travail sans préavis, a fortement porté préjudice à la boulangerie qui n'a pas fonctionné.

Aussi, dans votre mouvement de grève, vous avez cassé le matériel de la boulangerie, et opposé une voie de fait au responsable de la boulangerie a qui vous avez refusé l'accès.

Cet acte inadmissible, constitutif de faute lourde, m'emmène à suspendre votre contrat de travail pour trente (30) jours, délai nécessaire pour présenter votre défense, assisté si possible d'une personne de votre choix.

Veuillez agréer, Monsieur, l'expression de ma profonde désolation.

Les sanctions

Lorsque l'employeur s'avise de comportement fautif d'un salarié, il lui inflige une sanction. Il y a quatre sanctions disciplinaires en droit du travail : l'avertissement, le blâme, la mise à pied et le licenciement.

1. L'avertissement

C'est une sanction mineure prononcée par l'employeur dans les cas suivants :

- retard à l'arrivée ;
- départ anticipé.

Cette sanction doit être mentionnée dans une lettre, car souvent les contestations naissent du caractère verbal des sanctions.

Cas pratique 30 : Avertissement pour retard

Le Gérant

A

Monsieur MBANZOULOU Jacques

Objet : Avertissement

Monsieur,

En date du 02 juin 2023, vous étiez absent de votre poste de travail jusqu'à 08 heures alors que votre activité commence à 07 heures.

Ainsi, ce manquement à la discipline m'oblige de vous infliger un avertissement.

Veuillez agréer, Monsieur, l'expression de mes salutations distinguées

Cas pratique 31 : Avertissement pour départ anticipé

Le Directeur Général

A

Monsieur IWANZA Georges

Objet : Avertissement

Monsieur,

Après la pause intervenue à 12h30min, vous avez précipitamment quitté votre lieu de travail, sans en informer votre supérieur hiérarchique. Votre comportement contraire à la discipline m'emmène à vous infliger un avertissement.

Veuillez agréer, Monsieur, l'expression de ma désolation.

2. Le blâme

L'employeur peut recourir à cette sanction dans les cas suivants :

- récidive des cas prévus à l'avertissement ;
- mauvaises exécution du travail ;
- suspension volontaire du travail ;
- trouble à la bonne harmonie du travail ;
- tenue des réunions dans l'enceinte de la société sans autorisation de la direction ;
- le non-port de la tenue de travail.

Cas pratique 32 : Blâme pour non-respect des consignes de la hiérarchie

Le Directeur Général

A

Monsieur MAKAYA Nicéphore

Objet : Blâme

Monsieur,

En date du 17 juin 2017, pendant mon absence, vous avez procédé à la vente du gasoil aux bidons, alors qu'à plusieurs reprises, je vous ai déconseillé cette pratique.

A cause de cette indiscipline, je vous inflige un blâme. En cas de récidive, vous serez passible d'une sanction plus sévère.

Veuillez agréer, Monsieur, l'expression de ma désolation.

Cas pratique 33 : Blâme pour non-respect des consignes de sécurité

Le Directeur Général

A

Monsieur ITOUA Georges

Objet : Blâme

Monsieur,

Lors de notre inspection en interne, vous exécutiez votre prestation de travail, sans mettre vos équipements de protection individuelle, ce qui est formellement interdit dans notre entreprise. Cette omission des principes élémentaires observables par un salarié m'emmène à vous infliger un blâme.

Veuillez recevoir, Monsieur, l'expression de ma profonde désolation.

Cas pratique 34 : Blâme pour trouble à la bonne harmonie du travail

Le Gérant

A

Monsieur MASSAMBA Isaac

<u>Objet</u> : Blâme

Monsieur,

Pendant le déchargement des stocks des produits, alors que vous travaillez en équipe, vous étiez plus actif à la causerie sans vous concentrer sur la tâche qui vous était assignée. Par votre inattention, vous avez occasionné la casse d'un carton d'assiette.

A cause de votre inattention, je me permets de vous infliger un blâme

Veuillez recevoir, Monsieur, l'expression de ma profonde désolation.

3. Mise à pied

La mise à pied est une suspension immédiate d'un salarié pour une courte durée, 1 à 8 jours maximum, sans solde. Elle est infligée pour des cas ci-après :

- récidive des cas prévus pour le blâme ;
- introduction dans la société de tout objet destiné à la vente ;

- destruction des affiches sans ordre de la hiérarchie ;
- inscriptions injurieuses sur les biens meubles et immeubles de la société ;
- insultes ou menaces envers les autres employés ;
- manque de respect à l'égard du personnel dirigeant.

Cas pratique 35 : Mise à pied pour manque de respect à la hiérarchie

Le Gérant

A

Monsieur SATHOUD Hilaire

Objet : Mise à pied

Monsieur,

Il vous est reproché d'avoir manqué du respect à votre supérieur hiérarchique que vous avez rudoyé devant les autres travailleurs.

Cet acte inadmissible, en milieu professionnel, m'emmène à vous infliger une mise à pied de huit (08) jours.

Veuillez agréer, Monsieur, l'expression de ma profonde désolation.

Cas pratique 36 : Mise à pied pour manque de respect à la hiérarchie

Le Gérant

A

Monsieur POATY David

Objet : Mise à pied de huit (08) jours

Monsieur,

Il nous a été signalé de nombreux cas d'indiscipline à l'égard de votre supérieur hiérarchique immédiat à qui vous ne voulez pas obéir dans l'exécution de votre contrat de travail.

Cet acte d'indiscipline m'emmène à vous infliger une mise à pied de huit (08) jours.

Veuillez agréer, Monsieur, l'expression de ma profonde désolation.

Cas pratique 37 : Mise à pied pour perturbation de l'exécution du travail

Le Directeur Gérant

A

Madame MAMBOUANA Sylvie

Objet : Mise à pied

Madame,

Il nous a été donné de constater que vous avez abandonné votre poste de travail sans permission pour vaquer à vos occupations personnelles pendant 45 minutes, créant ainsi une perturbation dans l'exécution du travail que vous devez faire pendant les heures réglementaires.

Face à cet acte, nous vous infligeons une mise à pied de huit (8) jours.

Veuillez agréer, Madame, l'expression de mon indignation.

4. Licenciement

Le licenciement est la rupture du contrat de travail à l'initiative de l'employeur, suite à un comportement du salarié qui ne permet plus de maintenir les relations contractuelles. Selon la gravité de la faute, on distingue : le licenciement avec primes et indemnités et le licenciement sans primes ni indemnités.

a. Le licenciement avec primes et indemnités

C'est une situation où l'employeur décide de faire partir un salarié de son entreprise en lui payant les primes et indemnités. Le cas le plus illustratif est celui de la perte de confiance.

Cas pratique 38 : Licenciement pour perte de confiance

Le Directeur Gérant

A

Monsieur ONDELE Mathieu

<u>Objet</u> : Licenciement pour perte de confiance

Monsieur,

En date du 08 décembre 2021, vous avez manqué gravement du respect à la femme de votre patron, que vous avez menacée en criant et en hurlant sur elle, jusqu'à jeter sur elle le flacon de gel, à cause de votre nervosité, pour des raisons que vous connaissez, alors qu'elle vous avait juste posé des questions sur un objet qu'elle ne retrouvait pas dans la maison.

Aussi, quand votre patron vous a appelé pour s'enquérir de la situation, vous avez une fois de plus manifesté votre insolence à son égard devant témoin.

Votre comportement incommode, en milieu professionnel, ne me permet plus de vous garder dans ma maison en qualité de salarié.

De ce fait, je procède à la rupture de nos relations professionnelles pour perte de confiance.

Veuillez agréer, Monsieur, l'expression de mon indignation.

Cas pratique 39 : Licenciement pour perte de confiance

Le Directeur Gérant

A

Monsieur LOUSSAKOU Victoire

Objet : Licenciement pour perte de confiance

Monsieur,

Il nous a été donné de constater que votre brutalité, dans la manière de conduire, occasionne plusieurs pannes dans le véhicule qui vous a été confié.

A cause de plusieurs pertes d'argent suscitées par votre mauvaise manière de travailler, nous n'avons plus confiance en vous et, de ce fait, nous avons jugé utile de rompre votre contrat de travail.

Veuillez agréer, Monsieur l'expression de ma profonde désolation.

b. Le licenciement sans primes ni indemnités

Ce mode de rupture de contrat intervient dans les cas des manquements d'une extrême gravité reprochée au salarié à l'instar :

- d'une nouvelle faute commise après deux mises à pied encourues dans l'intervalle de 30 jours ;
- du vol ou escroquerie au préjudice de la société des autres employés ou des clients ;
- d'une rixe sur les lieux de travail ;
- de l'état d'ébriété ou d'ivresse constaté ;
- de la volonté manifeste de saboter le travail ;
- de la diffamation et propos mensongers à l'endroit des dirigeants ;
- de la détérioration volontaire de l'outil de travail ;
- des injures, menaces ou voies de fait envers l'employeur ou son représentant légal ;
- de la falsification des documents ;
- de l'insubordination caractérisée ;
- du détournement des biens appartenant à la société ;
- de la prolongation des congés sans justification ;
- de l'utilisation du matériel de la société à des fins personnelles ;
- de l'abandon prolongé du poste sans justification ;
- des absences de plus de trois jours sans autorisation ;
- du refus d'exécuter les instructions et ordres de la hiérarchie.

Cas pratique 40 : Licenciement pour sabotage

Le Directeur Gérant

A

Monsieur MALONGA Bernard

Objet : Licenciement pour faute lourde

Monsieur,

Votre absence délibérée du 23 mars 2021 avait occasionné la perte de 972 pains, ce qui avait conduit à la suspension de votre contrat de travail pour sabotage.

A cet effet, votre défense du 10 juin 2021 n'a pas été probante. Au contraire, j'ai été victime d'une agression verbale jusqu'à vouloir porter atteinte à mon intégrité physique.

Sur ce, je décide la résiliation de votre contrat de travail pour sabotage, fait constitutif de faute lourde.

Veuillez agréer, Monsieur, l'expression de ma profonde désolation.

Cas pratique 41 : Licenciement pour manquant de caisse répété

Le Directeur Gérant

A

Monsieur KOMBO Hilarion

Objet : Licenciement pour faute lourde

Monsieur,

Il vous était reproché des manquants à répétition, portant ainsi atteinte à l'équilibre financier de la boulangerie.

En dépit de votre défense qui n'a pas convaincu, nous procédons à la résiliation de votre contrat de travail.

Veuillez agréer, Monsieur, l'expression de ma profonde désolation.

Cas pratique 42 : Licenciement pour manque de respect notoire

Le Directeur Gérant

A

Madame MALENGUE Perpétue

Objet : Licenciement pour faute lourde

Madame

Il vous est reproché un manque de respect notoire à votre hiérarchie, fait constitutif de faute lourde.

Votre défense n'ayant pas été présentée dans les trente (30) jours à la suite de la suspension de votre contrat de travail, nous procédons par la présente à la résiliation de votre contrat de travail.

Veuillez agréer, Madame, l'expression de notre profonde désolation.

Cas pratique 43 : Licenciement pour vol)

Le Directeur Gérant

A

Madame BABINGUI Samantha

Objet : Licenciement pour faute lourde

Madame,

Il vous est reproché d'avoir volé un téléphone de la boulangerie. Et à cet effet, votre contrat avait été suspendu.

Ainsi, par la présente nous procédons à la résiliation de votre contrat de travail.

Veuillez agréer, Madame, l'expression de notre profonde désolation.

Remarques

- Dans l'énumération des fautes lourdes contenues dans certains règlements intérieurs, il est fait mention d'une phrase qui énonce que « l'employeur se réserve le droit d'apprécier et d'infliger les sanctions qui ne sont pas contenues dans le règlement intérieur, selon la gravité de la faute ».

La formule précitée est un faux fuyant pour les employeurs qui ont omis de caractériser certains comportements dans leurs règlements intérieurs, ou enclins de justifier certaines sanctions opportunistes.

En effet, cette formule devrait être écartée des règlements intérieurs pour éviter les artifices des employeurs malicieux qui veulent nuire à leurs salariés.

La lettre de sanction ne doit pas contenir l'évocation des fautes antérieures, car les employeurs pensent que l'évocation des griefs antérieurs renforce la preuve de la délinquance du salarié.

Une faute doit être sanctionnée dès que l'employeur en a connaissance, si elle n'est pas sanctionnée, elle est censée être excusée, d'où l'inutilité d'un rappel des fautes commises antérieurement.

DILEMMES EN MILIEU PROFESSIONNEL

Problème posé 1 : Convention de stage

Un individu était au service d'une entreprise pendant 12 ans sur la base d'une convention de stage. A la douzième année, l'employeur a résolu de se séparer de cette personne au motif qu'il n'était pas salarié, mais un stagiaire.

Approche de solution :

Il existe plusieurs types de stages dont les plus fréquents sont les stages d'études et les stages d'imprégnation ou d'adaptation professionnelle.

1. Les stages d'étude concernent les apprenants des institutions professionnelles, notamment les élèves

et étudiants qui doivent tâter du doigt la réalité de la pratique professionnelle.

Ce stage ouvre un schéma triangulaire : l'institut de formation, l'institut de stage et l'apprenant.

- L'institut de formation négocie avec une administration ou une entreprise pour une formation pratique.

Illustration : Lieu du stage (administration ou entreprise)

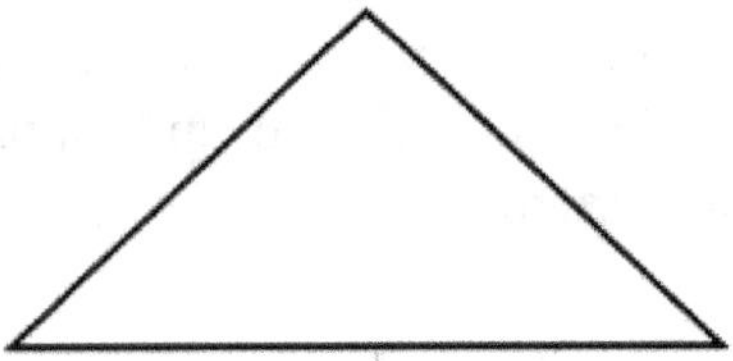

Institut de formation apprenant

En réalité, toute structure professionnelle, qui engage au titre d'un stage des personnes qui n'ont plus d'assise avec une institution d'étude, emploie des salariés au sens de l'article 2 du code du travail de la république du Congo et non des stagiaires

2. Le stage d'imprégnation ou d'adaptation professionnelle

Il concerne généralement les travailleurs qui sortent de la formation professionnelle avant leur redéploiement dans les différents services de la structure où ils sont affectés.

Dans le cas d'espèce, une personne qui a exécuté des actes matériels de nature professionnelle pendant 12 ans ne pouvait pas être considérée comme un stagiaire au regard des éléments énoncés supra d'autant qu'elle accomplissait les mêmes tâches que les permanents soumis également à des horaires du règlement intérieur.

Pendant l'exécution de sa prestation, il était positivement apprécié par ses supérieurs, mais sa rémunération était constituée de primes.

La mise à l'écart d'une telle personne n'est qu'un licenciement abusif. Dans ce cas de figure, l'employeur a l'obligation de la rétablir dans ses droits en procédant à la régularisation de ses droits professionnels, par le biais d'une intégration, avec effet rétroactif tant du point de vue de l'ancienneté que de la solde

Problème posé 2 : absence du salarié pour des motifs politiques

Certains salariés ont des mandats électifs qui ne leur permettent pas d'accomplir pleinement leur prestation de travail. Ainsi se pose le problème de leurs rémunérations

Approche de solution :

La fréquence des permissions pour absence pour siéger dans les institutions politiques ou pour accomplir les missions de cette nature porte un coup dans la bonne marche des activités d'une entreprise.

Les conventions collectives déterminent les absences rémunérées. Les absences pour les missions politiques n'entrent pas dans le domaine des permissions exceptionnellement rémunérées, selon l'esprit de l'article 84-2 du code de travail.

Toutefois, l'employeur ne peut pas interdire aux salariés qui ont des mandats électifs de siéger dans leurs organisations politiques. Bien qu'autorisées par l'employeur, ces absences ne sont pas rémunérées.

Problème posé 3 : refus de reclassement par l'employeur

L'employeur peut-il se rétracter à reclasser une salariée dont la formation a été autorisée pour changement d'un diplôme de fin de formation ?

Approche de solution :

1. Les thèses en présence : L'employeur justifie le refus de reclassement par le non-respect de la note de service qui mettait la salariée en stage, à savoir : l'obtention d'un BTS au lieu d'une licence.

2. Pour la salariée, les autorités administratives de l'école de formation avaient opté pour une clause avantageuse en lui permettant de passer une licence professionnelle au lieu du BTS au regard de son passé universitaire.

L'analyse de ce contentieux laisse apparaître que la salariée avait fait sa formation professionnelle avec le consentement de l'employeur qui avait bien connaissance qu'elle préparait une licence professionnelle, car elle avait effectué un stage d'étude dans sa structure d'origine où elle avait rédigé un rapport sans perdre de vue que ses supérieurs hiérarchiques étaient présents à la soutenance et n'avaient pas remis en cause son diplôme.

En conséquence, l'employeur ne saurait refuser de prendre en compte la licence professionnelle de la salariée qui devrait être reclassée par rapport à ce diplôme obtenu avec l'autorisation tacite de l'employeur.

Problème posé 4 : aménagement des horaires de travail

Les représentants des travailleurs sont-ils fondés à contester les nouveaux horaires de travail décidés par l'employeur au vu de la nature de l'activité ?

Approche de solution :

Dans une entreprise de quelque nature que ce soit, l'organisation du travail relève du pouvoir de direction dévolu au chef d'entreprise selon les réalités et les spécificités de l'activité. L'obligation qui lui incombe à cet effet est d'informer les partenaires sociaux de la nécessité d'éventuels changements intervenus.

Toutefois, les réformes initiées par l'employeur ne doivent pas s'inscrire en violation des textes légaux et conventionnels.

Le code du travail de la République du Congo dispose que le travail de nuit s'effectue de 20 heures à 05 heures, et la rémunération des heures supplémentaires de nuit est majorée à 50% selon les stipulations règlementaires en vigueur. Or, l'accord collectif d'établissement de la structure X fixe le travail de nuit de 20 heures à 05 heures, avec une majoration des heures supplémentaires autour de 119%.

Cette disposition ne va pas à l'encontre de la loi, dès lors qu'il ne va dans le sens défavorable aux conditions de travail des salariés. Dans cette perspective, les rotations instituées par l'employeur ne peuvent pas être contestées dans la mesure où les horaires de travail pratiqués ne dépassent pas 40 heures par semaine. Toutefois, dans ces réformes, l'employeur doit veiller à ne pas engranger les dépenses supplémentaires aux salariés, eu égard à la fréquence de leur mobilité.

Problème posé 5 : classement catégoriel des détenteurs du master 1 et de la maitrise

Une difficulté se pose dans l'application de certaines conventions collectives qui reconnaissent la maîtrise dans le classement catégoriel, sans mentionner le master 1. Ainsi l'interrogation : les titulaires de la maîtrise sont-ils dans une catégorie supérieure par rapport aux détenteurs du master 1 ?

Approche de solution :

La classification professionnelle contenue dans les conventions collectives ou les accords collectifs d'établissements détermine le classement des salariés à l'embauche.

L'accord collectif d'établissement en vigueur à la société X place à la catégorie 8 les vérificateurs avec les mentions suivantes :

- Salarié titulaire du DEUG, DUT, BTS ou diplôme équivalent ;
- Salarié titulaire d'une licence ou diplôme équivalent (avec bonification d'un échelon).

Dans cette énumération, il n'est pas fait mention des titulaires du master1.

Les inspecteurs sont placés à la classe 9 avec les mentions suivantes

- Salarié titulaire de maîtrise ou diplôme équivalent ;
- Salarié titulaire du DESS, DEA avec bonification d'un échelon.

La commission technique sur la classification des diplômes concluait dans ses travaux : « le master 1 est équivalent à la maîtrise de l'ancien système ».

Dès lors que l'accord collectif d'établissement ne plaçait pas les titulaires du master 1 dans la classe 8 (vérificateurs) et que la classe 9 (celle des inspecteurs) loge les titulaires de la maîtrise ou diplôme équivalent ; le master 1 étant l'équivalent de la maîtrise, les titulaires de ce diplôme devraient être classés inspecteurs et non vérificateurs.

Problème posé 6 : licenciement intervenu au début de l'année dans une école privée

Est-il possible de ne pas retenir un travailleur ancien d'une école privée qui a commencé l'année scolaire ?

Approche de solution :

Au regard d'un arrêt de la cour suprême de la république du Congo, rendu en 2011, les contrats scolaires sont des contrats à durée déterminée qui ne peuvent être rompus qu'en cas de faute lourde.

Or, il a été constaté dans une structure scolaire qu'un agent d'entretien qui n'avait commis aucune faute professionnelle avait été exclu de l'établissement au début de l'année scolaire.

Dans pareil cas, l'article 37- 4 du code du travail fait obligation à tout employeur ayant résilié un contrat à durée déterminée avant l'arrivée à son terme de verser à titre d'indemnisation au salarié victime de la rupture abusive les sommes qu'il aurait dû percevoir comme s'il avait travaillé normalement jusqu'au terme du contrat.

L'année scolaire s'étendant d'octobre à juin, l'employeur est tenu de verser le salaire mensuel convenu multiplié par 9 mois, correspondant à une année scolaire.

Problème posé 7 : Retraité nommé dans un établissement public administratif

Ce cas d'espèce pose le problème du détenteur du pouvoir de nomination dans un établissement public administratif qui emploie les salariés au sens de l'article 2 du code du travail. Entre le ministre et le directeur général qui exerce l'effectivité du pouvoir de nomination, est-il possible d'évoquer le bénéfice de la nouvelle loi portant statut général de la fonction publique qui a mis en place les contrats spéciaux permettant aux fonctionnaires retraités expérimentés de continuer à servir les institutions étatiques.

Approche de solution :

Dans un établissement public administratif se déploient 2 catégories de travailleurs : les fonctionnaires et les contractuels.

Les textes créateurs de ces institutions donnent la possibilité au ministre d'affecter directement les fonctionnaires dans les établissements publics sous tutelle, tandis que le contractuel devrait être recruté par le directeur général.

1. **Du pouvoir de nomination**

A leurs créations, les entreprises publiques, administratives (EPA), sont dotées de textes qui régissent leur fonctionnement, en l'occurrence les statuts qui fixent la nature juridique des modalités de fonctionnement et les attributions des animateurs.

Les entreprises publiques administratives sont sous la tutelle administrative du ministre. Cependant, du point de vue fonctionnel, elles sont dotées d'une autonomie financière et de gestion. A ce titre, le directeur général détient le pouvoir de direction et les attributs qui en découlent ; il nomme, recrute et sanctionne.

Ainsi, le ministre ne devrait pas s'immiscer directement dans les nominations des directeurs d'autant que dans ces institutions sont installés des conseils de direction.

2. De la nomination des fonctionnaires retraités par le ministre

Dans les entreprises publiques administratives, le comité de direction oriente l'action de la direction générale qui rend compte au président. Dans cette perspective, les postes permanents devraient être tenus par un personnel en activité et non retraités. Le ministre n'a pas un pouvoir de nomination directe dans ces structures qui ne sont pas des administrations publiques.

3. Du contrat spécial

Le mécanisme juridique prévu à l'article 272 de la loi n°68-2022 du 16 août 2022 portant statut général de la fonction publique concerne les fonctionnaires qui par leur expertise et leur utilité pour l'administration peuvent encore servir l'Etat.

Problème posé 8 : Contestation des dispositions des accords

Les conventions collectives et les accords collectifs d'établissements prévoient un délai pendant lequel aucune disposition ne peut être modifiée. Or, il s'avère que dans l'application de ces dispositions, l'une ou l'autre partie à la négociation manifeste son désaccord prématurément. Ainsi se pose la question si un texte négocié d'accord partie peut être remis en cause avant la date prévue de la révision.

Approche de solution :

1. **De la force obligatoire des engagements**

Pendant les négociations collectives, la partie employeur et la partie syndicale s'accordent sur le contenu du texte qui régit les conditions de travail. Ces négociations se déroulent sous le regard de la Direction départementale du travail.

Ainsi, chaque partie devrait avoir à l'esprit les dispositions de l'article 1134 du code civil selon lesquelles « les conventions légalement formées tiennent lieu de loi à l'égard de ceux qui les ont faites et leur résiliation ne peut intervenir que de façon consensuelle ».

Cette disposition renseigne qu'aucune partie ne peut se soustraire aux principes et obligations librement consentis et conclus de bonne foi.

2. **De la mise en cause de certaines dispositions**

Lorsqu'un texte conventionnel stipule que « la présente convention collective pourra être dénoncée au plus tôt trois ans après la signature, sous réserve d'un préavis de 3 mois donné par lettre recommandée avec accusé de réception, par celle des parties qui le désirera, le délai de 3 ans ne peut être anticipé. Ce délai est de rigueur pour une éventuelle dénonciation. Ce qui revient à dire qu'avant ce terme, les dispositions ne peuvent être remises en cause ni discutées.

Problème posé 9 : erreur de classement

Les conventions collectives prévoient les catégories ou les classes des travailleurs selon leur domaine de spécialité. Il peut arriver que pendant la reconversion des travailleurs qui passent d'un statut professionnel à un autre se sentent lésés en perdant les avantages acquis antérieurement.

Approche de solution :

Un salarié dans son ancienne structure était à la catégorie CO10, pendant le passage des statuts à la convention, l'employeur l'a remis dans la même catégorie ; alors qu'il devrait se trouver dans la catégorie CO11.

Entretemps, il avait bénéficié d'un avancement qui devrait le propulser par le jeu de plafonnement dans une catégorie supérieure. Or, il s'est avéré que ce travailleur jusqu'à la fin de sa carrière n'a jamais été reclassé ni avancé, alors que les moins gradés et les moins avancés que lui l'avaient devancé. Avant son admission à la retraite, il a reformulé trois fois les réclamations et son dossier n'a jamais été traité, silence de l'administration.

Dans pareil cas, l'employeur est tenu de reconstituer la carrière de ce salarié, avant le dépôt de son dossier à la Caisse nationale de sécurité sociale pour éviter la précarité du volume de la pension du salarié.

Problème posé 10: Démission et inobservation du préavis

Un salarié décide de quitter son employeur, mais le chef d'entreprise lui demande d'observer le préavis. Ainsi s'interroge-t-on sur les conséquences de l'inobservation du délai de préavis

Approche de solution :

La situation d'un salarié démissionnaire connait des multiples facettes selon les causes qui conduisent à la rupture de contrat.

Un employeur s'est interrogé sur le sort réservé à un salarié qui n'a pas obtempéré à la décision du chef d'entreprise qui lui recommandait d'observer la période de préavis pour mieux assurer la passation de service, d'autant qu'un manquant de caisse lui était reproché et qu'il n'avait pas apporté des justificatifs.

En effet, la démission est un acte volontaire et unilatéral d'un salarié qui, pour des raisons diverses, décide de ne plus être au service de son employeur. Dans ces circonstances, l'observation d'une période de préavis est obligatoire. Cette obligation est légale et conventionnelle. La durée du préavis dépend de la catégorie professionnelle du salarié.

Généralement, l'inobservation de cette procédure oblige le salarié à verser à son employeur une indemnité compensatrice de préavis.

En ce qui concerne la suite à donner à ce genre de situation, dès lors que le salarié avait cessé d'exercer son activité professionnelle, le seul reflexe de l'employeur consisterait à prendre acte de cette démission qui sanctionne la fin de la relation contractuelle.

Le salarié démissionnaire perd le bénéfice de ses indemnités, excepté l'indemnité de congé, s'il n'avait pas encore joui de son droit au congé, ainsi que de son salaire de présence.

Ainsi, dans cette optique, l'option d'un abandon de poste, de la suspension de travail n'est pas envisageable dès lors que la démission a consacré la rupture du contrat de travail.

Problème posé 11 : accord transactionnel

Certaines situations conflictuelles peuvent trouver une tentative de résolution tardive, à l'exemple d'un avocat qui sollicite auprès d'un mandataire, un règlement amiable qui n'avait pas eu lieu dans les instances appropriées. Ceci après un écoulement de temps.

Approche de réponse :

Comme suite à votre lettre datée du........... relative à la possibilité de conclure un accord transactionnel sur l'affaire qui oppose la Société XX et Dame YY, en ma qualité de mandataire et avec le consentement de ceux que je représente, je souscris à votre démarche et attends, par ce fait, une offre chiffrée susceptible de conduire au dénouement de cette affaire.

Problème posé 12 : départ négocié

Une salariée a saisi un avocat pour négocier pour son compte auprès de l'employeur un départ négocié, en raison de son état de santé précaire. Alors que les justificatifs médicaux renseignent successivement sur un mois et sept jours de repos.

Approche de réponse :

Le départ négocié pour séparation par mutuel consentement est prévu à l'article 39 alinéa 9 du code du travail, dont le texte d'application est l'arrêté n°1108/MTSS/CAB datée de 1996.

C'est un mode de rupture basé sur l'autonomie des volontés réciproques lorsque l'une des parties notamment l'employeur juge mieux de se séparer d'un salarié pour convenance personnelle.

L'initiative de cette séparation au regard des textes appartient à l'employeur. Dans le cas d'espèce, une salariée à travers son conseil pense se séparer de son employeur pour des raisons de santé. Les textes légaux et conventionnels en cas de maladie non professionnelle, prévoient une suspension du contrat de travail de 6 mois (article 47 du code de travail), délai pendant lequel le salarié malade bénéficie de sa rémunération, selon les modalités définies par les conventions collectives. Ce n'est qu'après 6 mois qu'il est possible d'envisager une rupture du contrat, si le salarié malade ne se rétablit pas.

De ce fait, la rupture de contrat sollicitée pour une durée d'un mois et sept jours n'est pas encadrée par les textes. C'est une initiative précoce qui ne saurait lier le chef d'entreprise.

Lorsqu'un délai de repos est accordé par le médecin traitant, à l'expiration du délai, le salarié est obligé de reprendre son service.

Le dépassement de ce délai, sans justificatif médical, prédispose le salarié à un abandon de poste susceptible de l'emmener au licenciement.

Aussi, les justificatifs répétés peuvent pousser l'employeur à décider d'une contrexpertise médicale, afin de s'assurer de la réalité de l'état de santé du salarié.

Problème posé 13 : double sanction

Un salarié fautif a été sanctionné au même moment d'un blâme et d'une mise à pied par son employeur. Ainsi se pose la question de la conformité de cette pratique aux textes en vigueur, et comment les inspecteurs du travail règlent ce genre de question.

Approche de réponse :

Tout employeur a l'obligation d'informer les services de l'inspection du travail sur les sanctions de toute nature infligées aux salariés placés sous leur autorité.

L'inspection du travail se prononce, à cet effet, sur la conformité des mesures prises par le chef d'entreprise, car il est le garant de l'application de la règlementation du travail dans son ressort territorial. Ainsi, il a le pouvoir de rappeler à tout employeur que le cumul des sanctions est interdit. Il convient en cas de manquement d'un travailleur de lui infliger la sanction qui correspond au grief qui lui est reproché ; dans le cas d'espèce, un blâme ou une mise à pied, pas les deux sanctions à la fois.

Problème posé 14 : avancement des contractuels

Les structures qui n'ont pas de conventions collectives, procèdent à l'avancement des contractuels qui y évoluent. Ainsi se pose la question du texte applicable pour matérialiser ces avancements.

Approche de réponse :

Comme suite à votre lettre citée en référence ci-dessus stigmatisant la divergence en ce qui concerne les avancements des agents contractuels au regard de l'article 9 de la convention collective du 1er septembre 1960 en application dans votre structure prévoyant les avancements à 28 mois, et la loi n°5-2005 du 25 mai 2005, portant statut de la fonction publique territoriale règlementant les avancements à 24 mois, je m'oblige à mettre à votre disposition des éléments de réponses suivants :

Du statut juridique du FONEA

Le FONEA est un établissement public administratif né sur les cendres de l'ONEMO. Deux catégories de personnel évoluent dans cette structure, à savoir : les agents de la fonction publique et les contractuels au sens de l'article 2 du code du travail.

Des textes applicables

En dehors des textes organiques qui créent et organisent le FONEA, à savoir la loi n°8-2019, et le décret n°2019-169 du 1er juillet 2019, portant approbation des statuts du FONEA, cette structure, non encore dotée de textes propres, la convention collective du 1er septembre 1960, applicables aux agents contractuels et l'avancement, prévoit une période de 28 mois.

Des avancements à 24 mois

La loi n°5-2005 du 25 mai 2005, portant statut de la fonction publique territoriale ne s'applique pas au FONEA qui regorge en son sein des salariés recrutés par l'ONEMO et reversés à cette nouvelle structure en application de l'article 45 du code du travail qui dispose : « s'il survient une modification dans la situation juridique de l'employeur, notamment par succession , vente, fusion, transformation de fonds, mise en société, tous les contrats de travail en cours au jour de la modification subsistent entre le nouvel employeur et le personnel de l'entreprise ».

Le FONEA est sous la tutelle administrative du ministère de la Jeunesse et des Sports, de l'Education civique, de la Formation qualifiante et de l'Emploi, mais doté de la personnalité morale et de l'autonomie de gestion.

Les salariés y sont recrutés par décision du directeur général et non par arrêté ministériel (ce qui contraste avec les agents contractuels prévus par la convention collective de 1960).

En conséquence, il y a une nécessité pour le FONEA d'être régi par une convention collective ou un accord collectif d'établissement qui lui serait propre pour ne plus fonctionner avec les textes d'emprunt qui ne concordent pas avec la nature juridique de la structure. Avant cette mutation textuelle, il serait judicieux de continuer à appliquer la convention collective de 1960 en matière d'avancement.

Problème posé 15 : Abandon de poste prolongé

Quatre salariés avaient cessé de vaquer à leurs obligations professionnelles, en dépit des mises en demeure qui leur étaient adressées.

Approche de réponse :

La législation du travail prévoit des mécanismes permettant aux salariés de suspendre momentanément leur présence à l'entreprise pour des raisons d'études, de mise en disponibilité…

Lorsqu'un salarié ne vaque plus à ses obligations professionnelles pour des raisons de formation, il doit requérir au préalable l'autorisation du chef d'entreprise qu'est le directeur général. Or, dans le cas de madame DIAMESSO Chantal, l'administration n'avait pas donné un avis favorable à sa sollicitation d'aller en formation.

Sa dernière présence au poste remonte au 20 janvier 2021, soit plus de deux (2) ans d'absence dans l'entreprise. Dans le cas d'espèce, si elle avait été rappelée à l'ordre pour regagner son poste de travail et que cette dernière ne s'est pas exécutée, l'employeur s'obligera de suspendre son contrat de travail pour abandon de poste prolongé, car sa mise en formation n'avait pas été validée par l'entreprise.

Monsieur MONEKENE Jacques n'avait pas repris son service à l'expiration de sa mise en disponibilité. Tout travailleur qui ne reprend par son service après l'expiration de sa mise en disponibilité commet un abandon de poste. Or, la dernière présence au service de monsieur MONEKENE Jacques remonte au 12 mai 2019. Il était bénéficiaire d'une mise en disponibilité jusqu'en mai 2021. Il a disparu de son poste de travail pendant plus de deux (2) ans et son contrat de travail devrait être suspendu pour abandon de poste.

Depuis le 22 juin 2018, monsieur SITA Jérôme n'a plus vaqué à ses occupations professionnelles, ce qui ouvre le droit à l'employeur de suspendre son contrat de travail pour abandon de poste prolongé.

Depuis le 31 août 2022, monsieur MASSAMBA Bernard a disparu de son poste de travail à Dolisie pour des raisons non signalées à la direction de l'entreprise en dépit des mises en demeure restées infructueuses. A cet effet, son contrat de travail devrait être suspendu pour abandon de poste prolongé.

Observations :

Tous les salariés qui n'exercent pas leurs prestations de travail sans autorisation de l'employeur commettent des abandons de poste. L'abandon de poste est une faute lourde qui prive un salarié du bénéfice de ses indemnités.

La suspension du contrat de travail est prévue à l'article 41 nouveau, alinéa 4, du code du travail. C'est une étape prélude à un licenciement pour faute lourde.

Problème posé 16 : salarié s'estimant abusivement sanctionné

Un salarié conteste deux sanctions qui lui ont été infligées par son employeur, et saisit les autorités compétentes.

Approche de réponse :

1- Les faits :

1-1 : point de vue de salarié

Deux mises à pied étaient infligées au salarié en date du 27 novembre 2023, pour une durée de sept (7) jours, et le 13 décembre 2023, pour une durée de huit (8) jours.

Le salarié a contesté le fondement des griefs qui lui ont été reprochés. Car, selon lui, il n'a jamais refusé d'exécuter les ordres donnés par un supérieur hiérarchique. Ce qui lui est reproché résulte d'une incompréhension de la hiérarchie.

Le retard, qui lui est reproché pour la deuxième sanction, s'explique par le volume du travail, ce n'est pas pour la première fois que ce genre de désagrément est arrivé. C'est une réalité courante dans l'environnement hôtelier.

1-2 : Point de vue du représentant de l'hôtel

Selon le Directeur des Ressources humaines, les sanctions infligées au plaignant sont conformes au règlement intérieur de l'hôtel, notamment le refus d'exécuter un ordre de la hiérarchie et le manque de respect à l'égard du personnel dirigeant, car le travailleur avait refusé de répondre au grief qui lui était reproché.

2- Position de l'autorité compétente

L'audition des parties, les pièces versées au dossier révèlent que monsieur ITOUA Martin travaillait au sein de l'Hôtel en qualité de chef pâtissier, il y a deux (2) ans.

Jusqu'au 27 novembre 2023, il n'a jamais été sanctionné, son travail est toujours apprécié, tant par ses supérieurs hiérarchiques que par les clients.

Qu'avant la première sanction, le directeur général de l'Hôtel lui aurait adressé des menaces : « je vais te faire partir sans droits… ».

Ses propos désobligeants entament le moral du salarié qui ne peut plus travailler décemment. D'autant que la deuxième demande d'explication est intervenue deux semaines après la première sanction.

Du point de vue de la Direction départementale du travail, il s'est créé une incompatibilité d'humeur entre la direction de l'hôtel et le salarié. Ce climat rend impossible la poursuite des relations contractuelles d'où la proposition de procéder au paiement des mois restants (dix mois) afin de rétablir le salarié dans ses droits.

Problème posé 17 : indemnité de fin de carrière

Une indemnité de fin de carrière est refusée à un responsable au motif qu'il a signé lui-même le contrat avec la structure qu'il a dirigée pendant plusieurs années.

Approche de réponse :

Faisant suite au débat contradictoire résultant de la plainte de monsieur TCHISSAMBOU MAKAYA Dieudonné suite aux hésitations que vous manifestez pour le paiement de son indemnité de fin de carrière, alors qu'il a servi pendant douze (12) ans dans cette structure dont huit (8) en qualité de directeur nommé par différents ministres de la Culture et des Arts, nous réitérons à votre endroit le point de vue de la Direction départementale du travail, organe dont la mission est de veiller à l'application de la règlementation du travail.

Il a été constaté que monsieur TCHISSAMBOU MAKAYA Dieudonné était rémunéré conformément aux textes qui régissent l'institution ; qu'il avait fait valoir des droits à la retraite dans cette institution où il a bénéficié des avantages qui reviennent à tous les salariés de la structure, à l'exemple du droit de congé payé.

A la fin de sa carrière, de la même manière qu'il a été régulièrement payé par l'institution, l'indemnité de départ à la retraite devrait lui être versée au prorata du temps qu'il a travaillé au sein de cette institution, dès lors qu'il n'avait pas le statut de fonctionnaire.

Problème posé 18 : prime et indemnité d'un comptable, fonctionnaire de l'Etat affecté dans un établissement public

Un comptable public réclame le bénéfice des éléments des rémunérations attribuées aux directeurs centraux non fonctionnaires d'un établissement public.

Approche de réponse :

Ces primes sont attribuées aux directeurs centraux non fonctionnaires d'un établissement public.

A la lecture de ces éléments de rémunération, les 1.500.000 FCFA correspondent aux salaires fonctionnels des directeurs centraux ayant aussi le caractère de salaire de base.

Les 450.000 FCFA et les 150.000 FCFA se greffent à 1.500.000 FCFA pour constituer le salaire brut.

Qu'il sied de rappeler que ces éléments de rémunération reviennent de droit aux directeurs centraux qui n'ont pas la qualité de fonctionnaire, pour éviter le cumul des rémunérations aux bénéficiaires.

Le fonctionnaire nommé dans un établissement public conserve la totalité de sa rémunération qui lui est concédée par la fonction publique. Au niveau de cet établissement public, il ne devrait percevoir à titre principal (salaire fonctionnel) le différentiel de son salaire catégoriel à la fonction publique et le salaire fonctionnel des directeurs centraux de l'établissement public, en sus des accessoires de rémunération, comme la prime de logement et la prime de responsabilité.

Or, l'établissement verse une allocation forfaitaire mensuelle de 2.300.000 FCFA à l'agence comptable pour les prestations dont il bénéficie, dont 1.100.000 FCFA revient à l'agent comptable.

Dans ces conditions, la réclamation de l'agent comptable, d'être payé aux mêmes taux que les directeurs centraux non fonctionnaires devient excessive, car ce dernier bénéficie, en contrepartie de ses prestations à l'établissement public, d'une allocation de 1.100.000 FCFA, déduit des 2.300.000 FCFA que l'établissement public reverse à l'agence comptable.

Il est de principe qu'un salarié en poste dans un établissement public ne puisse pas gagner, dans la totalité de sa rémunération, plus qu'un salarié de même rang dans l'établissement public.

Problème posé 19: validité des actes posés par les responsables syndicaux dont le mandat a pris fin

Les statuts d'un syndicat stipulent qu'à l'admission à la retraite, les responsables cèdent la place à ceux qui sont encore en fonction. Ainsi se pose la question de la validité des actes posés par un responsable syndical admis à la retraite qui agit encore au nom du syndicat.

Approche de réponse :

1. **De la validité des instances statutaires**

Le Bureau exécutif national et la Commission de contrôle et évaluation du syndicat étaient mis en place à Brazzaville, le 6 septembre 2020, pour un mandat de trois ans. A cet effet, à partir du 6 septembre 2023, les nouvelles instances dirigeantes devaient mener la politique de votre syndicat dans la mesure où les institutions mises en place en septembre 2020 ont perdu leur légitimité.

De même, la lecture du dossier mis à notre disposition laisse apparaître que le Président du Bureau exécutif national a fait valoir ses droits à la retraite le 2 mai 2022. Or, l'article 48 des statuts du syndicat stipule que la perte de qualité de membre peut résulter de la retraite. De ce point de vue, l'actuel Président du syndicat aurait pu laisser la place à son successeur immédiat dans la préséance au bureau, qui devait terminer le mandat du Bureau national exécutif.

2. **De la suspension**

Deux membres du syndicat avaient été suspendus le 5 septembre 2023, la lettre portant suspension de ces deux camarades du syndicat avait été prise en violation de l'article 52 des statuts du syndicat qui stipule que le

Conseil national ou l'Assemblée générale décide des sanctions.

En outre, le signataire de la décision de la sanction avait perdu la qualité de membre depuis son admission à la retraite.

Au regard des textes, ce dernier avait perdu sa qualité de dirigeant du syndicat et de personne pouvant engager cette structure.

En conséquence, toute décision prise par un ancien Président du syndicat qui a perdu sa qualité du fait de la retraite n'a aucune validité juridique.

3. Des perspectives

Par le fait de l'expiration du mandat des animateurs des organes du syndicat, à savoir le Bureau exécutif national, la Commission nationale de contrôle et d'évaluation, il est impérieux de convoquer une Assemblée générale en vue de réinstaller et de réorganiser les instances du syndicat qui évoluent depuis le 6 septembre 2023 dans l'illégitimité, consacrant par ce fait la nullité des actes, des décisions pris par des organes devenus illégitimes.

A cet effet, il convient de se référer à l'article 53 des statuts du syndicat qui stipule que « …les membres fondateurs sont garants de la survie du syndicat ».

LES FONDEMENTS DES RELATIONS DU TRAVAIL

Les relations de travail mettent en exergue les acteurs qui ont des intérêts divergents :

- d'une part, le chef d'entreprise qui est le donneur d'ordre dont le rôle est de veiller à la bonne marche des activités. A cet effet, il instruit ses collaborateurs sur les missions contractuelles qu'ils doivent accomplir de bonne foi. Il sanctionne à cet égard tout manquement qu'afficheraient ceux qui sont sous ses ordres ;
- d'autre part, les salariés qui exécutent leur prestation de travail en contrepartie d'une rémunération.

Les obligations de l'employeur

Ce sont des obligations d'ordre contractuel, à savoir :

- fournir aux salariés le travail convenu c'est-à-dire, celui pour lequel il a été embauché. L'employeur doit s'abstenir d'obliger un salarié d'accomplir des missions qui n'ont pas été prévues à la conclusion du contrat ;
- payer au salarié le salaire à date échue ;
- assurer la surveillance médicale des salariés, telle que prévue par les conventions ou les accords collectifs des établissements.

Les obligations du salarié

Les principales obligations sont énumérées dans le Règlement intérieur de l'entreprise notamment :

- le respect des horaires de travail ;
- l'exécution du travail convenu ;
- le respect de la hiérarchie ;
- la soumission aux instructions de l'employeur.

Ces obligations sont assorties de certaines interdictions dont :

- l'interdiction des retards au lieu de travail ;
- l'interdiction de rentrer avant l'heure prévue pour la fin de service ;
- l'interdiction de vol de quelque nature que ce soit ;
- l'interdiction de rixe, de la falsification des documents, de refuser les mutations, de recevoir une sanction disciplinaire.

La procédure disciplinaire en cas de manquement d'un salarié

Quelle que soit la gravité de la faute, le droit de la défense du salarié doit être respecté.

Ainsi, le mécanisme suivant doit être mis en œuvre par l'employeur :

- l'écoute ou la justification du salarié après une demande d'explication ;
- en cas de manquement mineur, sanctionner le salarié par un avertissement, un blâme ou une mise à pied, avec retenue de salaire.

  Il est interdit d'infliger plusieurs sanctions pour une même faute.
- en cas de manquement grave, suspendre le contrat du salarié pour 30 jours avant de prononcer son licenciement.

Les contrats à durée déterminée ne sont pas concernés par la procédure de suspension de contrat de travail prévue à l'article 41 alinéa 4 du code de travail.

Lorsqu'une faute lourde est reprochée à un salarié lié à son employeur par un contrat de travail à durée déterminée, le contrat est automatiquement rompu.

En cas de rupture d'un contrat de travail quel que soit sa nature, l'employeur met à la disposition de l'employé les documents suivants :

- la lettre de rupture de contrat ;
- le solde de tout compte ;
- le certificat de travail.

La conclusion des contrats

Le contrat à durée déterminée doit être conclu par écrit. Sa durée ne peut excéder 2 ans « Si le contrat arrivé à terme, il se poursuit par la volonté même tacite des parties, cette prolongation lui confère le caractère de contrat à durée indéterminée » (article 32 du code du travail).

Le contrat à durée indéterminée peut être verbal ou écrit (article 27 du code du travail).

Les représentants du personnel

Les représentants du personnel (délégué du personnel ou représentants syndicaux) portent auprès de l'employeur les réclamations et les revendications liées au travail. Ce sont les porte-paroles de l'ensemble du personnel, ce qui vaut leur statut de salariés protégés.

Conclusion

La direction d'une entreprise et le personnel ne doivent pas se comporter en chiens de faïence. Ils doivent collaborer selon le rôle dévolu à chacun.

LA NATURE PARTICULIERE DES CONTRATS SCOLAIRES

La tenue de la Conférence nationale souveraine en République du Congo en 1991 a suscité l'éclosion de plusieurs secteurs d'activités, longtemps détenus par l'Etat, à l'exemple du secteur privé de l'enseignement qui tire sa légitimité du décret 96-221 du 13 mai 1996 portant réglementation de l'exercice privé de l'enseignement qui, à son article 20, recommandait le respect de la règlementation du travail en vigueur, la garantie des droits du personnel employé dans les écoles.

Cependant, la pratique scolaire ne cadre pas toujours avec certaines dispositions du code du travail.

I- De la divergence

A l'adoption de la loi 06-96 du 06 mars 1996, modifiant et complétant certaines dispositions de la loi n°45-75 du 15 mars 1975, instituant un code du travail de la République populaire du Congo, les écoles privées n'avaient pas encore connu leur essor. Les conflits entre promoteurs et employés n'étaient pas récurrents comme de nos jours, où se pose une difficulté sur la détermination de la nature des contrats scolaires ; contrat à durée déterminée (CDD) ou contrat à durée indéterminée (CDI) ?

I-1. De l'option d'un contrat à durée indéterminée (CDI)

Le contrat à durée indéterminée (CDI) est un engagement conclu entre un salarié et un employeur sans détermination de durée. Il peut cesser à tout moment par la volonté de l'une des parties moyennant un préavis donné par la partie qui prend l'initiative de la rupture (Cf. art 39 du code du travail).

Le contrat de travail à durée indéterminée est un contrat à exécution successive. Il ne peut être interrompu que pour les cas prévus par la loi (l'article 47 du code du travail).

Ce type de contrat pose quelques difficultés d'application en milieu scolaire pour ce qui est :

- **Du droit de jouissance au congé payé**

Aux termes de l'article 119 du code du travail, « le travailleur acquiert droit au congé payé à la charge de l'employeur à raison d'un minimum de 26 jours ouvrables par année de service effectif ».

L'article 120 du code du travail dispose que « le droit de jouissance au congé est acquis après une durée de service effectif égale à 12 mois ».

Or, la durée effective de l'année scolaire est de 9 mois en République du Congo. Elle court du mois d'octobre au mois de juin, s'ensuit par la suite une période des vacances scolaires de 3 mois. Ce qui revient à dire qu'il n'y a pas 12 mois de travail effectif dans ce secteur d'activité.

Comment alors faire payer à un employeur l'allocation congé en cas de rupture du contrat de travail pour un secteur d'activité qui ne couvre pas 12 mois de travail effectif ? Il est même impossible d'envisager le paiement d'un congé au prorata dans le secteur de l'enseignement, dès lors que le principal n'est pas acquis.

❖ **De la rémunération**

La plupart d'écoles privées, en République du Congo, ne sont pas subventionnées, elles ne reçoivent aucun appui extérieur et fonctionnent essentiellement par le biais des frais d'écolage versés par les parents d'élèves d'octobre à juin.

Cette réalité explique l'absence de rémunération des enseignants pendant la période des vacances. Cette suppression de rémunération ne rime pas avec le caractère successif et permanent du droit à la rémunération consacré dans un contrat à durée indéterminée.

La période des vacances est considérée comme une période de carence entre deux contrats à durée déterminée. Ce qui laisse entrevoir qu'au mois de juin le contrat qui lie le promoteur au personnel de l'école est rompu et non suspendu.

I-2. De l'option d'un contrat à durée déterminée (CDD)

Le code du travail énonce les cas de conclusion d'un contrat à durée déterminée à l'article 32, alinéa 2, qui énumère huit cas de recours au contrat à durée déterminée, en dépit du caractère non limitatif de cette liste.

Le huitième point énonce ce qui suit : « le contrat conclu en vue de pourvoir aux emplois pour lesquels il est d'usage constant de ne pas recourir au contrat à durée indéterminée en raison de l'activité exercée et du caractère par la nature temporaire de ces emplois.

II- De la nature du contrat scolaire

La Cour suprême de la République du Congo, dans sa deuxième chambre sociale, au cours d'une audience publique du 20 janvier 2011, avait émis un arrêt qui faisait des contrats scolaires, des contrats à durée déterminée : « une coutume généralement admise découlant des directives du gouvernement interdit les contrats de travail à durée indéterminée au profit des enseignants qui, en début de chaque année scolaire, sont libres de fournir leur prestation dans diverses écoles privées de la place, en négociant librement les conditions de leurs engagements ».

Cette approche de la Cour suprême trouve son fondement légal à travers la loi scolaire promulguée en 1996, fixant la période scolaire à 9 mois et à l'article 32 alinéa 8 du Code du travail, dans la mesure où :

- le contrat scolaire est limité dans le temps à savoir 9 mois d'activités scolaires renouvelables chaque saison scolaire ;
- la limitation de la rémunération à 9 mois compte tenu de la pratique liée au paiement des frais d'écolage ;
- l'article 32-2-8 du code du travail justifie la reconduction des contrats scolaires quel que soit le nombre d'années en vertu de la nature de l'activité scolaire qui est ponctuée par une période d'inactivité de 3 mois.

Par cette approche, la Cour suprême s'est démarquée de l'article 32-5 du code de travail, qui dispose que le contrat du travail à durée déterminée ne peut être renouvelé qu'une fois. Au-delà, toute reconduction confère à ce contrat le caractère à durée indéterminée.

Il s'agit dans ce cas de figure des contrats de travail à durée déterminée qui, arrivés à terme, sont prolongés tacitement par la volonté des parties.

Au niveau des écoles privées, la reconduction n'est pas automatique, car à la fin de l'année le contrat est rompu.

II-1- Du paiement des droits

Le paiement des droits liés à la rupture du contrat de travail, envisagé par certains esprits, lorsqu'il s'agit d'un conflit qui oppose un promoteur d'école à son personnel, est une procédure propre au contrat à durée indéterminée, où interviennent les rubriques suivantes :

- l'indemnité de préavis ;
- l'indemnité de congés ;
- la prime de fin d'année ;
- l'indemnité de licenciement ;
- les primes liées au préavis.

- **Du préavis**

Le préavis est une période de prévenance, afin d'éviter la brusque rupture.

Dans la mesure où le calendrier scolaire est connu d'avance (d'octobre à juin), cette obligation n'est pas de mise dans le domaine de l'éducation privée.

- **De l'indemnité de congé**

Les articles 119 et 120 du code du travail ne cadrent pas avec la réalité et la pratique scolaires.

- **De la prime de fin d'année**

Cet avantage est prévu dans les structures ou les branches d'activités dans lesquelles il est couramment effectué 12 mois de travail sans interruption. Ce qui n'est pas le cas des structures privées d'enseignement.

- **De l'indemnité de licenciement**

Le contrat scolaire dure du mois d'octobre au mois de juin. Il conviendrait de parler dans ce secteur d'une fin de contrat et non d'un licenciement.

- **De la prime liée au préavis**

Dès lors que le paiement de l'indemnité de préavis est écarté, les primes liées au préavis n'ont plus leur raison d'être.

III- Les personnes en présence

Le secteur privé de l'éducation est composé pour son fonctionnement de deux acteurs essentiels, le promoteur d'école et le personnel.

Il y a deux catégories de personnels dans les écoles privées :

- Le personnel permanent, comprend :
    - les enseignants permanents ;
    - les membres de la direction.

Les enseignants permanents sont déployés dans les cycles de la garderie, du préscolaire et du primaire,

Les membres de la direction sont : le personnel de direction, d'encadrement (directeur, surveillant, comptable, caissière…, etc.).

Ce personnel, travaille à plein temps selon les horaires de l'école, fixés par le promoteur. Ces travailleurs ont un salaire fixe payable à la fin du mois ;

- les enseignants vacataires et les prestataires :

Cette catégorie de personnel est payée au prorata de la prestation effectuée à l'école. Il peut s'agir du nombre d'heures effectuées (Collège, Lycée) ou du coût de la prestation (évalué en forfait).

III-1- Les obligations du promoteur

Au terme de l'article 3-1 du code de la sécurité sociale, le promoteur à l'obligation d'immatriculer son personnel à la Caisse nationale de sécurité sociale (CNSS).

Il a l'obligation de rémunérer son personnel conformément aux textes en vigueur (dans le respect du SMIG) ;

Il a l'obligation de délivrer, à la fin de chaque année scolaire, le certificat de travail conformément à l'article 46 du code du travail ;

Il a l'obligation de conclure les contrats par écrit au début de chaque année scolaire et indiquer par note la fin du contrat.

Il a l'obligation de payer au salarié, en cas de rupture anticipée, de son fait, la rémunération des mois restants auxquels le salarié devrait prétendre, comme s'il avait travaillé jusqu'au mois de juin, à titre d'indemnisation.

CONCLUSION

Le contrat scolaire est un contrat spécifique qui tire son originalité de la nature particulière de la relation de travail entre le promoteur et son personnel.

Ce secteur n'est pas totalement réglementé, c'est un secteur en chantier (absence des textes organiques liés aux conditions de travail, absence des représentants des salariés, les promoteurs d'école n'ayant pas de contrepoids…)

Il revient aux pouvoirs publics d'encadrer ce secteur d'activité pour éviter l'arbitraire des employeurs que sont les promoteurs d'écoles.

LA GESTION SCOLAIRE, QUEL MANAGEMENT DES RESSOURCES HUMAINES ?

Introduction

La viabilité d'une structure dépend des personnes qui sont appelées à la gérer, de la capacité du personnel qui y évolue. Le décret n°96-221 du 13 mai 1996, portant règlementation de l'exercice privé de l'enseignement recommande à tout promoteur d'école à son article 20 de :

- respecter la réglementation du travail en vigueur ;
- garantir les droits de leur personnel ;
- ne pas recruter leur personnel parmi les agents de l'Etat en activité.

Cependant, dans la pratique, plusieurs contentieux résultent de la gestion du personnel en service dans les différentes écoles privées et du non-respect de la règlementation du travail en vigueur.

Des obligations des promoteurs

La loi scolaire en vigueur en République du Congo fixe la durée effective de l'année scolaire à neuf (9) mois, d'octobre à juin.

Cette durée oblige les promoteurs d'écoles de conclure avec leur personnel permanent (enseignant ou non enseignant) les contrats à durée déterminée au début de chaque année scolaire et de remettre à la fin de chaque année un certificat de travail aux termes de l'article 46 du code du travail pour marquer la présence de ses salariés dans leurs structures.

De la rémunération

En l'absence d'un texte organique régissant les conditions de travail et de rémunération dans les établissements privés, de l'enseignement, tout employeur doit veiller au respect du salaire minimum interprofessionnel garanti (SMIG) qui est de 70.400 francs CFA auquel s'ajoutera une indemnité de transport correspondant au montant du taux défini par les services municipaux.

Aucun salaire versé dans un établissement en République du Congo ne peut se situer en dessous du SMIG. Toutefois, l'employeur, en vertu de la capacité financière de son établissement, peut verser à ses salariés des montants plus importants que ceux prévus par la règlementation.

Des obligations administratives

La règlementation du travail en vigueur oblige tout employeur (promoteurs d'écoles) de tenir les documents suivants :

- le règlement intérieur ;
- le registre d'employeur ;
- le registre de visites médicales ;
- le registre de sécurité ;
- le registre des accidents du travail et des maladies professionnelles ;
- le registre et les bulletins de paie ;

- le registre de revendications.

En dehors de ces obligations, les promoteurs d'un établissement privé d'enseignement doivent mettre en place un le comité d'hygiène et de sécurité au travail (établissement de plus de 20 travailleurs) ;

- l'absence de ces documents expose les promoteurs d'écoles aux pénalités prévues par le code du travail.
- tout employeur doit en outre assurer :
    - les visites médicales à ses travailleurs ;
    - l'immatriculation à la caisse nationale de sécurité sociale (CNSS) ;
    - la surveillance médicale

De la période des vacances

Après le mois de juin, quelques membres du personnel non administratif sont retenus pour la finalisation des activités scolaires à qui un montant forfaitaire au lieu d'un salaire complet est attribué.

En effet, cette période de vacance ne prolonge pas l'année scolaire. Et, ce personnel ne saurait se réclamer être en position de contrat à durée indéterminée.

Du personnel en service dans les écoles privées

Le personnel permanent

C'est la catégorie du personnel régulier dans les écoles privées dans les cycles de la crèche, du maternel, du primaire, de l'administration.

Le personnel prestataire

C'est un personnel occasionnel qui travaille de façon ponctuelle. C'est le cas des enseignants du collège et des lycées qui sont payés à l'heure et ont la possibilité de faire des prestations dans plusieurs établissements.

Conclusion

La stabilité d'une gestion administrative du personnel dépend de la compréhension du statut du personnel en service dans les établissements, de leurs droits et obligations.

LE CONGE ET LE PAIEMENT DE L'ALLOCATION CONGE

Le droit au congé payé est le résultat d'une longue lutte de la classe ouvrière, dans la mesure où les salariés travaillaient toute leur vie sans repos, et ce phénomène avait, pour conséquence, l'épuisement et la mort précoce des travailleurs. Ce droit avait été introduit en France en 1936. Il ne couvrait pas tous les secteurs d'activités.

1. Du droit au congé dans la législation congolaise

Le législateur a consacré ce droit à l'article 119 et suivants du code du travail : « le travailleur acquiert droit au congé à la charge de l'employeur à raison d'un minimum de 26 jours ouvrables par année de présence effective.

Par mois, le travailleur a droit à 2,16 jours de repos, multipliés par douze mois, ce qui correspond à 26 jours. Le droit au congé est annuel, c'est un droit différé.

Cette durée peut augmenter en fonction de l'ancienneté du travailleur dans l'entreprise.

L'article 120 du code du travail dispose : « le droit de jouissance au congé est acquis après une durée de travail effectif égale à douze mois.

Ce droit se prescrit par trois ans

1.1. Du droit de travail effectif

Le travail effectif est l'accomplissement ininterrompu de la prestation de travail, les absences non autorisées sont décomptées de cette durée dans laquelle on compte également la période de congé antérieur.

2. De la rémunération du congé payé

Diverses interprétations sont émises sur les éléments à prendre en compte pour la rémunération du congé payé.

Le congé est la période de repos dont bénéficie le salarié. L'article 86 du code de travail renseigne sur les éléments constitutifs de la rémunération pendant la période de jouissance du droit au congé.

Au terme de cette disposition, les primes, les commissions et prestations qui ne constituent pas un remboursement des frais sont pris en compte pour le calcul de la rémunération pendant la durée du congé payé.

Pour le calcul de la rémunération pendant la période de congé payé, il faut faire la moyenne des salaires bruts des douze derniers mois de travail effectif.

Pour un travailleur qui a pris son service le 2 janvier 2012, sa période de congé interviendra du 2 janvier au 1er février 2013 ; soit 26 jours ouvrables.

Pour la prochaine année, la période de jouissance au congé interviendra encore du 02 janvier au 1er février 2014.

Pour un salarié nouveau dans l'entreprise qui atteint douze mois de travail effectif et dont la rémunération se compose ainsi qu'il suit :

- Salaire de base : 200.000 FCFA
- Prime de diplôme : 15.000 FCFA
- Prime de logement : 50.000 FCFA
- Prime de responsabilité : 35.000 FCFA
- Prime de risque : 10.000 FCFA
- Indemnité de transport : 25.000 FCFA
- Indemnité de salissure : 15.000 FCFA
- Prime de fin d'année : 200.000 FCFA

Son salaire brut sera composé de : Salaire de base + prime de diplôme + prime de logement + Prime de responsabilité + prime de risque.

Ces éléments de rémunération composent le salaire brut ; notamment : 200.000 + 15.000 + 50.000 +35.000 +10.000 = 310.000 FCFA qui correspond à un congé de 26 jours ouvrables.

Pour un salarié ancien, bénéficiant de cinq jours de congé supplémentaires conventionnels, son allocation congé sera calculée ainsi qu'il suit : 310.000 x 31 (26 jours ouvrables + 5 jours supplémentaires) : 26 = **369.615 FCFA.**

Une autre possibilité ouvrant le calcul du congé supplémentaire à part :

310.000 x 5 : 26 = **59.615 FCFA**

Le montant du congé supplémentaire est additionné le cas échéant au congé principal dont il découle ; soit 310.000 +59.615 : **369.615 FCFA**

Ne font pas partie de la rémunération pendant la période de congé : indemnité de transport, indemnité de salissure et la prime de fin d'année.

La prime de fin d'année est encore appelée 13ème mois, même si son paiement intervient dans le bulletin du mois de décembre, elle ne saurait être un élément constitutif du salaire brut composant l'allocation congé. Cette rémunération n'entre pas dans le cadre du travail effectif de douze mois, même si elle subit une ponction des services fiscaux ; toute rémunération est imposable lorsqu'elle ne constitue pas un remboursement des frais.

Les deux premiers éléments de rémunération (transport et salissure) sont des éléments de remboursement des frais qui par nature ne composent pas le salaire brut.

Le troisième élément (prime de fin d'année) fait partie des rémunérations à caractère annuel, donc exclu dans le paiement de l'allocation congé.

« Sont exclues de la rémunération base de calcul : 1°les primes de gratifications de caractère bénévole, précaires et révocables, et ne constituant pas « un élément de rémunération sur lequel le travailleur pouvait compter » ; 2° les primes ou participations de caractère annuel (primes de fin d'année, de rendement, la Cour de cassation a en effet abandonné son interprétation littérale antérieure de l'article 54 j qui aboutissait à payer partiellement une seconde fois un avantage accordé pour un exercice entier de douze mois, et dont le montant n'a pas été affecté par l'absence du salarié à l'occasion du congé. Droit de travail, CARMERLINCK et Gérard LYON Caen »

Conclusion :

Il est interdit à tout employeur de monnayer le congé en lieu et place de repos. Cette transaction est nulle, sauf en cas de rupture de contrat de travail (article 120 alinéa 5).

VERIFICATION DES ACQUIS

Questions :

La rupture du contrat de travail

1. Tout licenciement est une rupture de contrat de travail, mais toute rupture du contrat de travail n'est pas un licenciement : **VRAI** ou **FAUX ?**
2. En cas de licenciement pour faute lourde, le salarié bénéficie de la totalité de ses droits : **VRAI** ou **FAUX ?**
3. En cas de licenciement pour perte de confiance, le salarié peut bénéficier de la prime de départ : **VRAI** ou **FAUX ?**
4. Le salarié peut imposer à son employeur la procédure de séparation par mutuel consentement : **VRAI** ou **FAUX ?**
5. La démission d'un salarié motivée par le harcèlement ou le traitement dégradant infligé par un employeur oblige ce dernier à payer au salarié tous les droits légaux et conventionnels : **VRAI** ou **FAUX ?**
6. Un salarié démissionnaire lié par un contrat à durée déterminée, qui n'est pas arrivé à terme, peut réclamer, en sus des allocations-congés, le paiement des droits liés à la rupture de contrat : **VRAI** ou **FAUX ?**

Le calcul des droits liés à la rupture du contrat de travail

7. Toutes les primes et indemnités sont soumises à cotisation, elles subissent le prélèvement de la CNSS et de l'IRPP : **VRAI** ou **FAUX ?**

8. L'indemnité de logement à caractère de remboursement des frais par nature : **VRAI** ou **FAUX ?**

9. Un salarié ancien et celui qui est moins ancien avec le même traitement mensuel peuvent avoir le même solde de tout compte : **VRAI** ou **FAUX ?**

10. Le salaire de base peut servir de référence pour le calcul des droits liés à la rupture du contrat de travail : **VRAI** ou **FAUX ?**

11. Il n'y a pas de différence entre le salaire brut et le net à payer : **VRAI** ou **FAUX ?**

12. Un salarié travaille 11 mois, le 12ème mois il bénéficie du droit de jouissance au congé payé : **VRAI** ou **FAUX ?**

13. La convention collective fixe les règles de discipline dans une entreprise au même niveau que le règlement intérieur : **VRAI** ou **FAUX ?**

14. Le règlement intérieur est un document consensuel établi entre le chef d'entreprise et les représentants des travailleurs : **VRAI** ou **FAUX ?**

15. Un salarié en activité n'est pas obligé de bénéficier du repos en lieu et place de congé ; ce repos peut être monnayé sans conséquence dommageable pour l'employeur : **VRAI** ou **FAUX ?**

16. En cas de rupture de contrat de travail, le préavis n'est pas obligatoire ; le salarié peut quitter à tout moment l'entreprise : **VRAI** ou **FAUX ?**

17. La prime de fin d'année n'est pas obligatoire, son payement est conditionné par les résultats positifs de l'entreprise : **VRAI** ou **FAUX ?**

18. Le chef d'une entreprise déficitaire peut refuser d'autorité le payement de la prime de fin d'année : **VRAI** ou **FAUX ?**

19. Un salarié qui a passé 10 ans dans une entreprise sans jouir de son droit au congé peut à la rupture de son contrat de travail réclamer le payement de 10 ans d'allocations congé non perçus : **VRAI** ou **FAUX ?**

20. Un salarié qui a passé 5 ans dans une entreprise sans réclamer ses salaires dus peut bénéficier de sa totalité de sa rémunération pendant 5 ans : **VRAI** ou **FAUX ?**

21. Dans la fiche de calcul de droits, le payement de primes liées au préavis est facultatif : **VRAI** ou **FAUX ?**

22. Un salarié dont l'employeur n'opère pas le prélèvement de part sociale et de l'IRPP n'est pas lésé, car in bénéficie de la totalité de la rémunération: **VRAI** ou **FAUX ?**

23. Un salarié surpris en flagrant délit de vol peut encourir une mise à pied : **VRAI** ou **FAUX ?**

24. La période d'essai est de 6 mois pour tous les salariés quelles que soient leurs catégories : **VRAI** ou **FAUX ?**

25. La période d'essai est obligatoire avant la conclusion d'un contrat définitif : **VRAI** ou **FAUX ?**

26. Le calcul des droits liés à la rupture du contrat de travail est possible sans faire recours à une convention collective : **VRAI** ou **FAUX ?**

Le calcul des heures supplémentaires

27. Un employeur peut faire exécuter les heures supplémentaires quel qu'en soit le volume, selon les nécessités de l'activité : **VRAI** ou **FAUX ?**

28. Un employeur peut à sa guise imposer à ses salariés de faire des heures supplémentaires sans s'en référer à l'Inspecteur du travail du ressort : **VRAI** ou **FAUX ?**

29. Le salaire brut sert de base de calcul du salaire horaire pour le calcul des heures supplémentaires : **VRAI** ou **FAUX ?**

30. Tous les gardiens de nuit ou de jour sont soumis au même volume horaire: **VRAI** ou **FAUX ?**

31. Dans tous les secteurs d'activités, le volume horaire hebdomadaire est le même : **VRAI** ou **FAUX ?**

Le pouvoir sanctionnateur de l'employeur

32. Le directeur des Ressources humaines peut sanctionner les employés par délégation du directeur général : **VRAI** ou **FAUX ?**

33. Le pouvoir répressif de l'employeur n'a pas de contrepoids : **VRAI** ou **FAUX ?**

34. L'employeur est libre d'énoncer toute la litanie de griefs reprochés à un employé, même ceux commis antérieurement dans la formulation de la lettre de sanction : **VRAI** ou **FAUX ?**

35. L'employeur peut à sa guise infliger une mise à pied à un salarié, alors que le comportement fautif est mentionné au blâme dans le règlement intérieur : **VRAI** ou **FAUX ?**

36. La demande d'explication prélude à une sanction n'est pas obligatoire : **VRAI** ou **FAUX ?**

37. L'employeur n'a pas de justificatif à demander à un salarié qui a abandonné son poste de travail, il peut le licencier directement : **VRAI** ou **FAUX ?**

38. Le salarié ordinaire et le salarié protégé sont soumis à la même procédure de licenciement : **VRAI** ou **FAUX ?**

39. Le chef d'entreprise peut rétrograder en catégorie un salarié fautif : **VRAI** ou **FAUX ?**

40. La liste des sanctions en droit de travail n'est pas limitative. Les sanctions dépendent du tempérament de l'employeur : **VRAI** ou **FAUX ?**

41. La faute grave est punie de mise à pied, tandis que la faute lourde de licenciement : **VRAI** ou **FAUX ?**

Dilemme en milieu professionnel

42. Il n'y a pas de différence entre un demandeur d'emploi et un stagiaire : **VRAI** ou **FAUX ?**

43. Un salarié détenteur d'un mandat politique empêché de travailler dans son entreprise doit conserver son salaire auprès de son employeur : **VRAI** ou **FAUX ?**

44. Une formation autorisée par l'employeur, dûment sanctionnée par un diplôme, peut donner lieu à un avancement à un échelon supérieur : **VRAI** ou **FAUX ?**

45. L'employeur n'est pas tenu au respect de la classification professionnelle déterminée par les conventions collectives. Il peut classer à des catégories différentes des salariés qui ont la même formation professionnelle : **VRAI** ou **FAUX ?**

46. Un salarié qui a servi longtemps dans une école privée bénéficie d'un contrat à durée indéterminée : **VRAI** ou **FAUX ?**

47. La cour suprême de la République du Congo dans sa chambre sociale a rendu un arrêt en 2011 qui stipulait qu'il est interdit de conclure dans les structures scolaires des contrats à durée indéterminée, compte tenu des usages et des spécificités qui encadrent l'activité scolaire sur 9 mois : **VRAI** ou **FAUX ?**

48. Un retraité de la fonction publique peut occuper un poste de responsabilité technique dans un établissement public sur décision d'un ministre : **VRAI** ou **FAUX ?**

49. Les signataires d'une convention collectives ou d'un accord collectif d'établissement peuvent renoncer librement à l'application de ces accords avant la date échue de la dénonciation ou de la révision : **VRAI** ou **FAUX ?**

Réponses

La rupture du contrat de travail

1. Tout licenciement est une rupture de contrat de travail, mais toute rupture du contrat de travail n'est pas un licenciement : **VRAI**

2. En cas de licenciement pour faute lourde, le salarié bénéficie de la totalité de ses droits : **FAUX**.

3. En cas de licenciement pour perte de confiance, le salarié peut bénéficier de la prime de départ : **FAUX**.

4. Le salarié peut imposer à son employeur la procédure de séparation par mutuel consentement : **FAUX**.

5. La démission d'un salarié motivée par le harcèlement ou le traitement dégradant infligé par un employeur oblige ce dernier à payer au salarié tous les droits légaux et conventionnels : **VRAI**.

6. Un salarié démissionnaire lié par un contrat à durée déterminée qui n'est pas arrivé à terme, peut réclamer en sus des allocations congés, le paiement des droits liés à la rupture de contrat : **FAUX.**

Le calcul des droits liés à la rupture du contrat de travail

7. Toutes les primes et indemnités sont soumises à cotisation, elles subissent le prélèvement de la CNSS et de l'IRPP : **FAUX**.

8. L'indemnité de logement à caractère de remboursement des frais par nature : **VRAI**.

9. Un salarié ancien et celui qui est moins ancien avec le même traitement mensuel peuvent avoir le même solde de tout compte : **FAUX**.

10. Le salaire de base peut servir de référence pour le calcul des droits liés à la rupture du contrat de travail : **VRAI**.

Il n'y a pas de différence entre le salaire brut et le net à payer : **FAUX**.

11. Un salarié travaille 11 mois, le 12ème mois, il bénéficie du droit de jouissance au congé payé : **FAUX**.

12. La convention collective fixe les règles de discipline dans une entreprise au même niveau que le règlement intérieur : **FAUX**.

13. Le règlement intérieur est un document consensuel établi entre le chef d'entreprise et les représentants des travailleurs : **FAUX**.

14. Un salarié en activité n'est pas obligé de bénéficier du repos en lieu et place de congé ; ce repos peut être monnayé sans conséquence dommageable pour l'employeur : **FAUX**.

15. En cas de rupture de contrat de travail, le préavis n'est pas obligatoire ; le salarié peut quitter à tout moment l'entreprise : **FAUX**.

16. La prime de fin d'année n'est pas obligatoire, son payement est conditionné par les résultats positifs de l'entreprise : **FAUX**.

17. Le chef d'une entreprise déficitaire peut refuser d'autorité le payement de la prime de fin d'année : **FAUX**.

18. Un salarié qui a passé 10 ans dans une entreprise sans jouir de son droit au congé et sans le réclamer peut à la rupture de son contrat de travail réclamer le payement de 10 ans d'allocations congé non perçus : **FAUX**.

19. Un salarié qui a passé 5 ans dans une entreprise sans réclamer ses salaires dus peut bénéficier de la totalité de sa rémunération pendant 5 ans : **FAUX**.

20. Dans la fiche de calcul de droits, le payement de primes liées au préavis est facultatif : **FAUX**.

21. Un salarié dont l'employeur n'opère pas les prélèvements de parts sociales et de l'IRPP n'est pas lésé, car il bénéficie de la totalité de la rémunération : **FAUX**.

23. Un salarié surpris en flagrant délit de vol peut encourir une mise à pied : **FAUX**.

24 La période d'essai est de 6 mois pour tous les salariés quelles que soient leurs catégories : **FAUX**.

25. La période d'essai est obligatoire avant la conclusion d'un contrat définitif : **FAUX**.

26. Le calcul des droits liés à la rupture du contrat de travail est possible sans faire recours à une convention collective : **FAUX**.

Le calcul des heures supplémentaires

27. Un employeur peut faire exécuter les heures supplémentaires quel qu'en soit le volume, selon les nécessités de l'activité : **FAUX**.

28. Un employeur peut à sa guise imposer à ses salariés de faire des heures supplémentaires sans s'en référer à l'Inspecteur du travail du ressort : **FAUX**.

29. Le salaire brut sert de base de calcul du salaire horaire pour le calcul des heures supplémentaires : **FAUX**.

30. Tous les gardiens de nuit ou de jour sont soumis au même volume horaire : **FAUX**.

31. Dans tous les secteurs d'activités, le volume horaire hebdomadaire est le même : **FAUX**.

Le pouvoir sanctionnateur de l'employeur

32. Le directeur des Ressources humaines peut sanctionner les employés par délégation du directeur général : **VRAI**.

33. Le pouvoir répressif de l'employeur n'a pas de contrepoids : **FAUX**.

34. L'employeur est libre d'énoncer toute la litanie de griefs reprochés à un employé, même ceux commis antérieurement dans la formulation de la lettre de sanction : **FAUX**.

35. L'employeur peut à sa guise infliger une mise à pied à un salarié, alors que le comportement fautif est mentionné au blâme dans le règlement intérieur : **FAUX**.

36. La demande d'explication prélude à une sanction n'est pas obligatoire : **FAUX**.

37. L'employeur n'a pas de justificatif à demander à un salarié qui a abandonné son poste de travail, il peut le licencier directement : **FAUX**.

38. Le salarié ordinaire et le salarié protégé sont soumis à la même procédure de licenciement : **FAUX**.

39. Le chef d'entreprise peut rétrograder en catégorie un salarié fautif : **VRAI**.

40. La liste des sanctions en droit de travail n'est pas limitative. Les sanctions dépendent du tempérament de l'employeur : **FAUX.**

41. La faute grave est punie de mise à pied, tandis que la faute lourde de licenciement : **FAUX**.

Dilemme en milieu professionnel

42. Il n'y a pas de différence entre un demandeur d'emploi et un stagiaire : **FAUX**.

43. Un salarié détenteur d'un mandat politique empêché de travailler dans son entreprise doit conserver son salaire auprès de son employeur : **FAUX**.

44. Une formation autorisée par l'employeur, dûment sanctionnée par un diplôme, peut donner lieu à un avancement à un échelon supérieur : **FAUX**.

45. L'employeur n'est pas tenu au respect de la classification professionnelle déterminée par les conventions collectives. Il peut classer à des catégories différentes des salariés qui ont la même formation professionnelle : **FAUX**.

46. Un salarié qui a servi longtemps dans une école privée bénéficie d'un contrat à durée indéterminée : **FAUX**.

47. La cour suprême de la République du Congo dans sa chambre sociale a rendu un arrêt n°04/GCS du

20 janvier 2011 qui stipulait qu'il est interdit de conclure dans les structures scolaires privées des contrats à durée indéterminée, compte tenu des usages et des spécificités qui encadrent l'activité scolaire sur 9 mois : **VRAI**.

48. Un retraité de la fonction publique peut occuper un poste de responsabilité technique dans un établissement public sur décision d'un ministre : **VRAI**.

49. Les signataires d'une convention collective ou d'un accord collectif d'établissement peuvent renoncer librement à l'application de ces accords avant la date échue de la dénonciation ou de la révision : **FAUX**.

TABLE DES MATIERES

Structures éditoriales du groupe L'Harmattan

L'Harmattan Italie
Via degli Artisti, 15
10124 Torino
harmattan.italia@gmail.com

L'Harmattan Hongrie
Kossuth l. u. 14-16.
1053 Budapest
harmattan@harmattan.hu

L'Harmattan Sénégal
10 VDN SICAP AMITIE 3
BP 45034 Dakar-Fann
direction@senharmattan.com

L'Harmattan Cameroun
Tsinga/Derrière polyclinique FECAFOOT
BP 11486 Yaoundé
Jacques.koukam@harmattan.fr

L'Harmattan Burkina Faso
Villa 281, secteur 23 623, rue 14.32
Ouagadougou
zagbie@outlook.fr

L'Harmattan Guinée
Almamya, rue KA 028 OKB Agency
BP 3470 Conakry
harmattanguinee@yahoo.fr

L'Harmattan RDC
185, avenue Nyangwe
Commune de Lingwala - Kinshasa
matangilamusadila@yahoo.fr

L'Harmattan Congo
219, avenue Nelson Mandela
BP 2874 Brazzaville
deunovmikhael@gmail.com

L'Harmattan Mali
Immeuble Mgr Jean Marie Cissé
Aci Hamadallaye
BP 145 Bamako
syllaka@yahoo.fr

L'Harmattan Togo
Djidjole – Maison Amela
face EPP BATOME
02 BP 20680 Lomé
didieramela11@gmail.com

L'Harmattan Côte d'Ivoire
Résidence Karl – Cité des Arts
Abidjan-Cocody
03 BP 1588 Abidjan
harmattan.ivoire@gmail.com

L'Harmattan Bénin
Rue 604, (Immeuble à l'entrée
de la rue UCAO- Cite de Saint-Jean)
Cotonou
stepcorpus@gmail.com

Nos librairies en France

Librairie internationale
16, rue des Écoles
75005 Paris
librairie.internationale@harmattan.fr
01 40 46 79 11
www.librairieharmattan.com

Librairie des savoirs
21, rue des Écoles
75005 Paris
librairie.sh@harmattan.fr
01 46 34 13 71
www.librairieharmattansh.com

www.ingramcontent.com/pod-product-compliance
Lightning Source LLC
LaVergne TN
LVHW021233061026
849535LV00008B/3043
* 9 7 8 2 3 3 6 4 4 4 9 7 0 *